MYNAVI BUNKO

プロもビックリ!!

すし図鑑ミニ

ぼうずコンニャク
藤原昌髙
著

マイナビ

はじめに

本書は楽しく「すしの世界」をのぞいていただきたい、との意図から作られているが、それ以上に楽しみながら「良い食べ方」を考えていただきたい、との思いを込めている。

食の世界は膨大で多彩であるが、水と塩以外はすべて生物なのである。食べるということは自然破壊にもなるし、人口の増大、開発途上国の近代化で食糧危機が来ることは間違いない。「良い食べ方」とは自然にも優しく、食料の欠乏している地域にも優しい食べ方に違いない。

では「悪い食べ方」とは何か？　簡単である、偏って食べることだ。陸上生物の畜肉ばかり食べる、穀物ばかり食べること。水産物ならマグロやサケ類ばかりを食べることがだめなのだ。定置網の水揚げなどを見ていると、漁獲したもので小さすぎたり、数がまとまらなかったりで、食べられるのに半数近くを廃棄することも珍

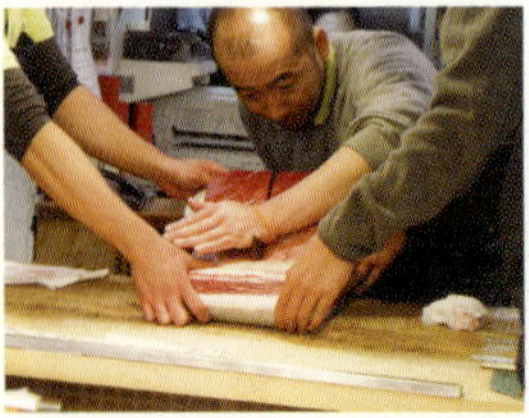

築地場内でマグロのコロを分割している。包丁の入れ方で値段に数万円の差が出ることもある。まさに真剣勝負の真っ最中である。

一般的なすし店の形。平均的な店にも10種類以上のすしダネが並んでいる。

しくはない。またブリやサケ、マグロなどを好みすぎるため、養殖が年々増大している。養殖を否定しているわけではないが、自然や飢えている人々のことも考えると、このような大型魚ばかり食べるのは正しいとは考えられない。

「江戸前ずし」は江戸湾(現東京湾)の下魚、すなわち小魚を利用することで生まれた。コハダ、春日子《かすご》、アジなど一尾で一かんの握りとすることに粋を感じたし、常に単品ではなく数種のすしダネを提供するものなので、半端なものでもいっこうにかまわない。すしは水産物に関していえば、漁獲した生物をもっとも有効利用できる料理なのである。

すしダネの知識が増えれば増えるほど、多彩に食べることができる。まったく未知の魚を食べて、思いのほかの美味に驚くことも多いはず。またすしダネの名前、その原料となる生き物のことを知って食べると、楽しみは倍増するだろう。おいしくて、楽しくて、自然にも人にも優しいのがすしなのである。

ぼうずコンニャク

定置網にあふれかえる魚、魚。タイやヒラメ、アジだけではなく100種類近い魚、イカなどが入っている。

築地場内のすしダネなどを扱う仲卸店。並んでいるひとつひとつが吟味され、また、すし誕生以来200年にもおよぶ歴史の重みが感じられる。

すし図鑑 目次

はじめに……2
すしの歴史……8

赤身

- マグロ総論……18
- マグロのすしいろいろ……22
- 本鮪……26
- 南鮪……28
- 眼撥鮪……29
- 鬢長鮪……30
- 黄肌鮪……31
- 腰長鮪……32
- 鰹……33
- 歯鰹……34
- 平宗太鰹……35
- 縞鰹……36
- 眼旗魚……37
- 真旗魚……38

サーモン

- 紅鮭……41
- アトランティックサーモン……42
- サーモントラウト……43
- 銀鮭……44
- 桜鱒……45

魚卵

- イクラ……46
- 数の子・子持ち昆布……47
- 飛び子……48
- カペリン子……49
- 鱈子……50
- 真鱈子……51

光りもの

- 小鰭……52
- 鰯……55
- 鯡……56
- 黍魚子……57
- 針魚……58
- 秋刀魚……59
- 鯖……60
- 胡麻鯖……61
- 鰺……62
- 丸鰺……63
- 貝割……64
- 鱚……65
- 太刀魚……66
- 鰆……67
- 飛魚……68
- 鰰……69
- 春日子……70

長もの

- 穴子……72
- 御殿穴子……73
- 伊良子穴子……74
- 丸穴子……75
- 鰻……76
- 鱧……77

白身

- 鮃……78
- 玉贗造平目……79
- 鰈……80
- 石鰈……81
- 松皮鰈……82
- 星鰈……83
- 目板鰈……84
- 大鮃……85
- 鮫鰈……86
- 烏鰈……87
- 油鰈……88
- 鰤……90
- 平政……91
- 間八……92
- 島鰺……93
- 鯛……94
- 血鯛……95
- 連子鯛……96

● 黒鯛……97
● 黄鰭……98
● 平鯛……99
● 尾長……100
● 姫鯛……101
● 笛鯛……102
● 浜笛吹……103
● 石鯛……104
● 石垣鯛……105
● 甘鯛……106
● 目鯛……107
● 疣鯛……108
● 千年鯛……109
● 万鯛……110
● 金時鯛……111
● 駕籠担鯛……112
● 青鯛……113
● 目一鯛……114
● 金目鯛……115
● 恵比寿鯛……116
● 目仁奈……117
● 鶏魚……118
● 胡椒鯛……119
● 胡盧鯛……120
● 鮎並……121
● 𩸽……122
● 鱸……123
● 平鱸……124
● 九絵……125
● 羽太……126
● 茂魚……127
● 赤羽太……128
● 赤仁羽太……129
● 𩺊……130
● まくぶー……131
● 九線……132
● 喉黒……133
● 鯥……134
● 本梭子魚……135
● 水梭子魚……136
● 笠子……137
● 虎魚……138
● 金色魚……139
● 目抜……140
● 赤魚鯛……141
● 沖目張……142
● 黒曹以……143
● 八角……144
● 虎河豚……145
● 白鯖河豚……146
● 皮剥……147
● 馬面剥……148
● 鱈……149
● 髭鱈……150
● 白魚……151
● しらす……152
● 玉筋魚……153

イカ・タコ

● 墨烏賊……156
● 紋甲烏賊……157
● 障泥烏賊……158
● 槍烏賊……159
● 剣先烏賊……160
● 雛烏賊……161
● 鯣烏賊……162
● 袖烏賊……163
● 蛍烏賊……164
● 米烏賊……165
● 大墨烏賊……166
● 蛸……167
● 水蛸……168
● 飯蛸……169

貝

● 赤貝……172
● 佐藤貝……173
● 青柳……174
● 白貝……175
● 蛤……176
● 海松貝……178
● 白海松……179
● 鳥貝……180
● 石垣貝……181
● 帆立貝……182
● 緋扇貝……183
● 平貝……184
● 大溝貝……185

- 北寄貝……186
- 北寄貝……187
- 揚巻……188
- 大馬刀貝……189
- 牡蠣……190
- 姫硨磲貝……191
- 眼高鮑……192
- 蝦夷鮑……193
- 黒鮑……194
- 雌貝鮑……195
- 床伏……196
- 茜鮑……197
- 鮑……198
- 赤鮑……199
- ロコガイ……200
- 真螺……201
- 厚蝦夷法螺……202
- 栗色蝦夷法螺……203
- 白蛽……204
- 蛽……205
- 栄螺……206
- 夜光貝……207

エビ・カニ

- 甘海老……208
- 甘海老……209
- 姫甘海老……210
- 牡丹海老……211
- 牡丹海老……212
- 牡丹海老……213
- 赤海老……214
- 葡萄海老……215
- 縞海老……216
- 車海老……217
- 足赤海老……218
- Black tiger……219
- Vannamei……220
- 鬼海老……221
- 伊勢海老……222
- 団扇海老……223
- 桜海老……224
- 白海老軍艦巻き……225
- 鱈場蟹……226
- 油蟹……227
- 頭矮蟹……228
- 紅蟹……229

その他

- 蝦蛄……230
- 海胆……231
- 蝦夷馬糞海胆……232
- 北紫海胆……233
- 赤海胆……234
- 白髭海胆……235
- 玉子焼き……236
- 海苔……238

コラム

- すし店の形……14
- サーモンについて……39
- 地図で覚える魚介類……154
- 国内から覚えていこう、ブランド魚介類……170

用語集……239

索引……248

終わりに……260

- おまけ 坊主蒟蒻……261

この本の見方

本書は、すしを知る！　楽しむ！「ハンドブック」です。お店や家庭で手軽に使えるよう、握りや魚の写真を大きく、わかりやすく作りました。

すし店で注文するときに、食べたいすしの種類がすぐ引ける「タブ」も付いているので便利です。

巻末の索引には、魚名、すしダネ名のほか、地方での呼び名や魚河岸での通り名などの別名も掲載。すぐに調べられるようになっています。

タブ
すしの種類がひと目でわかります。

代表的なすし

魚名（標準和名）
一般的な魚の呼び方。

すしダネ名（ネタ名）
すし店などでのすしダネの呼び方。同じすしダネ名の場合でも魚名が異なるものは別項にしています。

すしダネ
お値段目安ランク

- 超高　回転ずしや一般的なすし店では、お目にかかれない非常に高価なすしダネ。
- 高　一般的なすし店では上、特上ずしのみに使用されるすしダネ。
- 並　回転ずしでもお目にかかれるが、やや高価なときもあるすしダネ。
- 安　生鮮品としても、すしダネに加工されても非常に安いもの。

※値段と味は必ずしも正比例しません
※ランクづけは実際にすし制作時の仕入れ値と、すし職人、著者の考え方によっていて、絶対的なものではありません

ネタとなる魚介の写真。

すしダネの魚介についての詳しい情報。そのすしの特徴など。

おさかなデータ
生息地や旬、魚介の別名や、すし以外の食べ方などを紹介しています。

すしの歴史

古代東南アジアの発酵食品である「すし」が国内に入り様々な形に変化し、最後に登場したのが、江戸前握りずしだ。

「すし」を表す漢字「鮨」「鮓」の二つは紀元前後に中国で生まれた。「寿司」もあるが、これは当て字である。諸説あるが「鮨」は魚肉などの発酵食品で本来は塩辛のことだと考えられ、「すし」を表す正しい漢字は「鮓」とされている。「すし」は古代東南アジアの稲作地帯で生まれ、塩漬けした魚とご飯を合わせ乳酸発酵させたもの。奈良時代以前に我が国に入り「酸っぱし」から「すし」という言葉が生まれた。

もっとも古いタイプを**なれずし**といい、魚介類を塩漬けにし、水で塩を抜き、その後ご飯と一緒に漬け込む。できるのに数カ月から数年かかり、現代の「すし」とはまったく別もの。むしろ漬け物に近く、平安時代には「すしをおかずにご飯を食べる」ものだったらしい。

この発酵食品が「ご飯もの」に変化したのが鎌倉時代から室町時代にかけて。これを**なまなれずし**という。発酵時間を短くし、**なれずし**では粥状のご飯がまだ粒状で、魚だけではなく、ご飯も食べることができるようになった。「すし」が漬け物であった時代は長く、高価だった酢が大量生産できるようになった江戸時代にも**なれずし**は大いに作られる。

また鎌倉時代に生まれたとされる別系統の「すし」に**飯ずし**、**漬け物ずし**がある。乾魚、塩漬けした魚介類と野菜を麹で漬け込んだもの。現在も北陸、東北などに残り、寒冷な地で発酵を催すために麹を使ったのだと考えられている。

現在の大阪ずしの原型である**箱ずし**（**押しずし**）が登場するのが室町時代。「こけら」という魚の切り身などをご飯にのせて、押す（漬ける）もの。今のものとは違い、ここでもまだ発酵段階を残している。

〝ご飯を酢で味つけするもの〟が登場するのは江戸時代。木の葉や笹に巻き、少し寝かせた。

酢と塩で味つけしたすし飯を俵状にして、煮たり酢で締めた魚をのせた、現在の握りずしが登場するのは江戸時代の文政期（一八二〇年前後）。両国の華屋与兵衛が発明したとされている。これが**早ずし**、もしくは**江戸前握りずし**である。

江戸前握りずしはすぐ大阪にも伝わったが、「箱ずし」や「棒ずし」が主に作られ、**江戸前握りずし**は江戸・東京の郷土料理でしかなかった。

それが、次の二度の悲劇がきっかけとなり、全国的なものとなる。

【その一】関東大震災。東京の町が壊滅状態になり、職を失ったすし職人が全国に散らばって、**江戸前握りずし**を広めた。

【その二】第二次世界大戦後厳しい食料品統制が行われ、飲食業の営業が禁止されたとき、東京の『すし組合』が「一合の米と引き替えに加工賃を取り、十かんの握りすしを作る」ということで営業再開の許可をとった。この一合十かんの基準が許可の条件とされたため、全国的に**江戸前握りずし**が広まり、現在の**江戸前握りずし**の繁栄に至る。

本書は**江戸前握りずし**を中心にしているが、見回すと、どの時代の「すし」も日本全国に残っているのがわかる。国内を席巻しそうな**江戸前握りずし**だけではなく、日本各地の「すし」を食べていただきたい。舌に楽しいだけではなく、日本各地のことを知り、歴史の勉強にもなる。

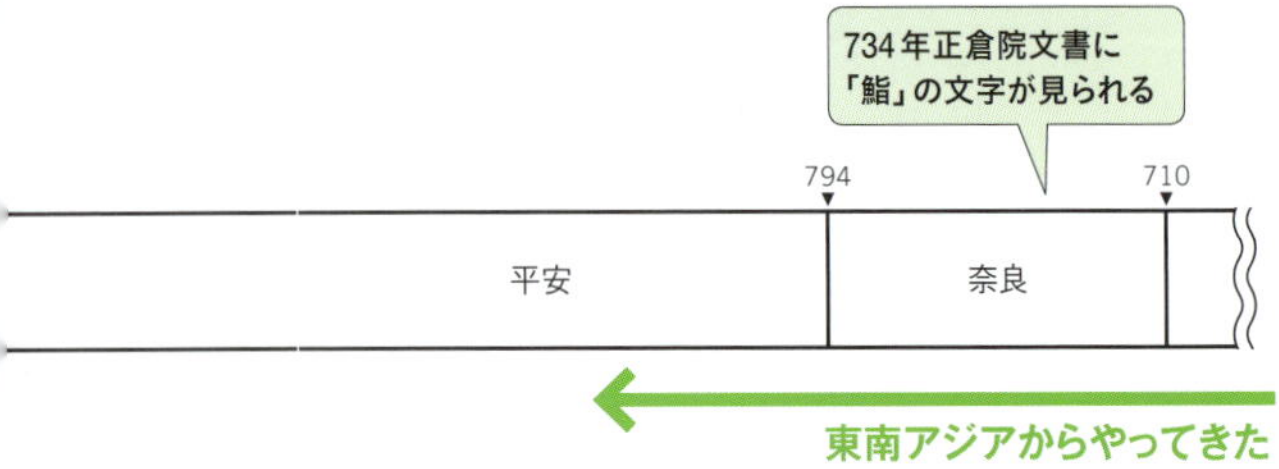
734年正倉院文書に
「鮨」の文字が見られる
794
710
平安
奈良
東南アジアからやってきた

ふなずし

滋賀県琵琶湖の「ふなずし」

強い臭いがあるので好き嫌いが分かれる。春、産卵期のニゴロブナの内臓を抜き取り、塩漬け、ご飯と漬け込む。これを半年から数年漬け込み、乳酸発酵させて作る。ご飯は粥状になっていて、フナ自体だけ食べるのが基本。

さばなれずし

滋賀県朽木の「さばずし」

かなり臭みのある本格的なもの。春の産卵間近のマサバを若狭で塩漬けにし、これを山間部である余呉や、朽木でご飯と一緒に漬け込んだもの。比較的発酵の弱いものと、強いものがある。

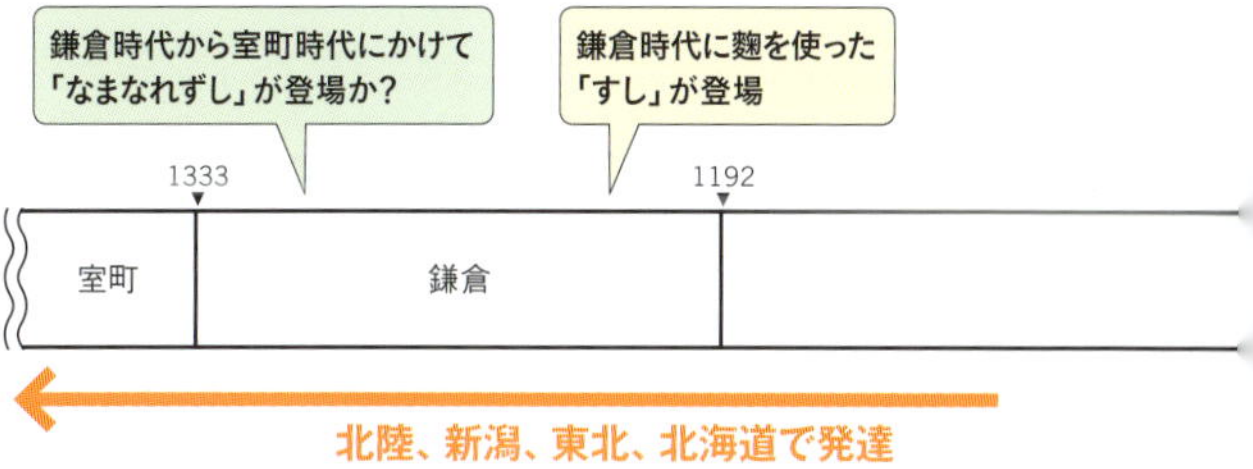

飯ずし

北海道の「鮭の飯ずし」
東北・北海道で見られる「飯ずし」。写真はベニザケを使ったもの。サケやカラフトマス、ニシン、カレイなどでも作る。麹の甘さがあり、酸味はほとんど感じられない。

かぶらずし

石川の「かぶらずし」
塩ブリと蕪、麹で作る。ほかには大根とサバの「大根ずし」なども。魚より蕪、大根が主役で「すし」というより漬け物に近い。石川県、富山県で作られている。

さんまなまなれずし

三重県尾鷲の「さんまなまなれずし」
別名「さえらずし」。三重県、和歌山県などで作られている。ご飯だけではなくサンマ自体もどろどろになった強発酵のものや、ご飯が食べられる「なまなれ」、早ずし(棒ずし)などもある。

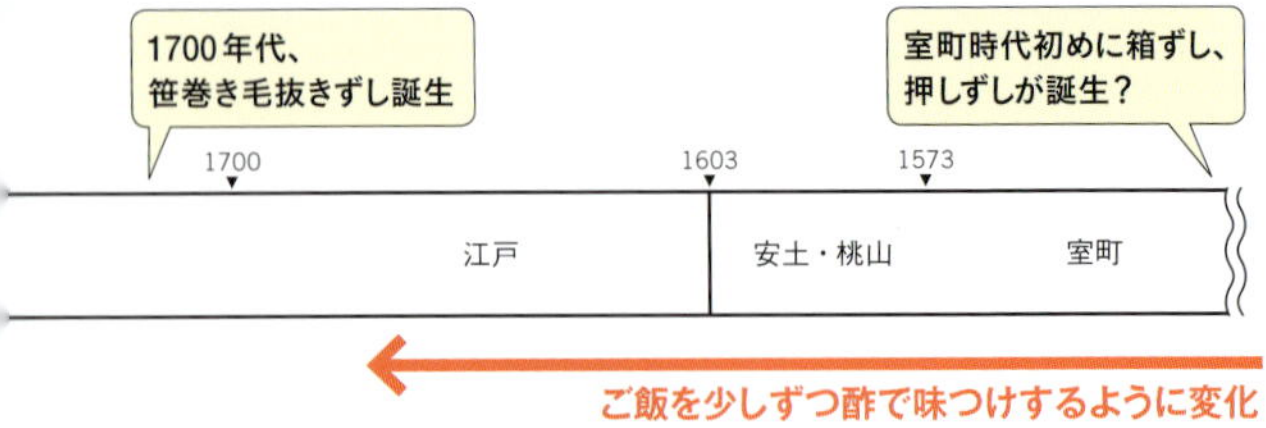
1700年代、
笹巻き毛抜きずし誕生
室町時代初めに箱ずし、
押しずしが誕生？
1700
1603
1573
江戸
安土・桃山
室町
ご飯を少しずつ酢で味つけするように変化

押しずし

京都の「押しずし」

ご飯を均等にしき、「こけら」と呼ばれる調理した魚介類を並べて、押しをかけたもの。発酵過程はないが、「押す＝漬ける」で古い形を残している。

棒ずし

愛媛県宇和島の「さばの棒ずし」

棒ずしは本来、魚を塩漬けにし、開いてご飯を腹に詰めて、押しをかけて発酵させたもの。今では発酵過程はなく、調理したすし飯を使った「早ずし」となっている。

笹《ささ》巻《ま》き毛《け》抜《ぬ》きずし

東京の「笹巻き毛抜きずし」

「笹巻き毛抜きずし」は18世紀初頭とも後期に出現したともされている。江戸前握りずし以前のもので、すし飯に魚介類、玉子焼きなどを貼り付け棒状にして笹で巻いて押しをかけたもの。関西の押しずしの一変形かも。

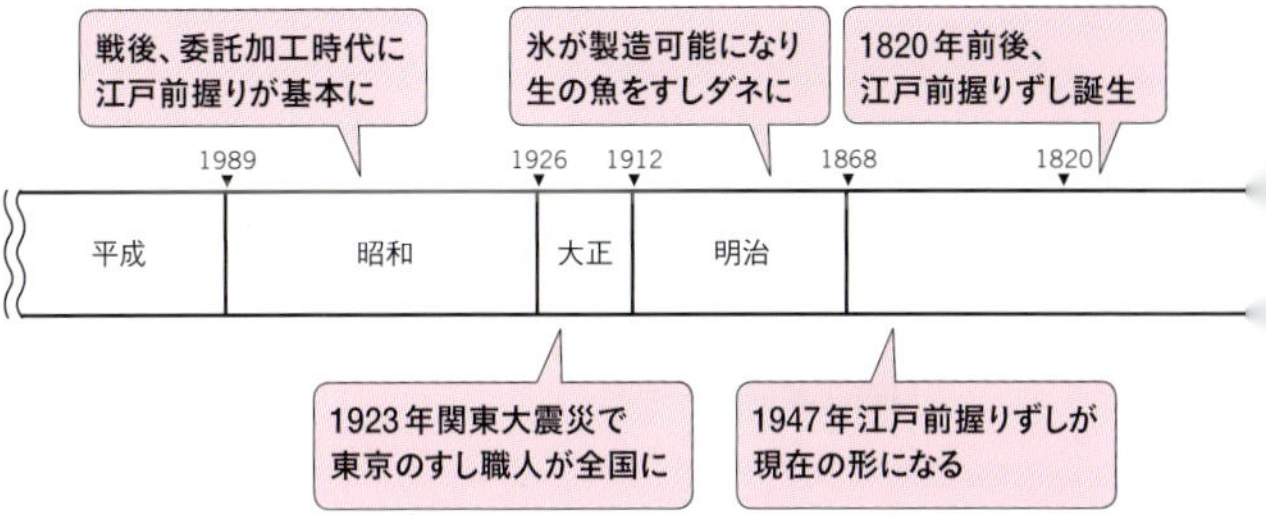
戦後、委託加工時代に
江戸前握りが基本に
氷が製造可能になり
生の魚をすしダネに
1820年前後、
江戸前握りずし誕生
1989
1926
1912
1868
1820
平成
昭和
大正
明治
1923年関東大震災で
東京のすし職人が全国に
1947年江戸前握りずしが
現在の形になる

江戸前握りずし

東京の「江戸前握りずし」

並ずしで、握り7～8かん、巻き物半分もしくは1本で構成されている。第二次世界大戦前までは1かんの握りずしの大きさが、この3倍くらいあり、4かんで1人前だった。これは戦後昭和22年からの委託加工業のときに「1合で10かん」が基準とされたため、1かんが非常に小さくなった。

コラム❶

すし店の形

のれんが掛かっている
昔ながらの店。

店の形態は戦後に考え出されたもの。町中にある一般的なすし店の構造は基本的に同じである。店を入るとカウンターがあり、テーブル席や座敷がある場合もある。カウンター奥につけ場があり、客の見えない場所に仕込み場がある。ネタケースの前の一段高い部分がつけ台で、握ったすしをここに置く。すしダネを仕入れ、仕込みなどを店舗内で行い、客の好みを聞き、すしダネの大きさに合わせてすし飯の大きさを加減する。またアルコールを提供して好みの肴を作るなど、回転ずしにはないよさがある。ただし店の内部が見えない、当たり外れがあるなどの欠点も多い。

屋台に始まり、お持ち帰り、店内で食べる店が現れ回転ずしが登場してすしの世界は激変

江戸時代は**売り歩く**、**屋台で立ち食い**、**お持ち帰り**、**座敷で食べる**の四タイプがあり、すし職人は座って握り、屋台では客は立って食べた。昭和になると、すし職人も立つように。戦後、ネタケースが登場し、現在の店内の形ができる。「昔は客が立って食べたため」もしくは「すし職人が立って握る」ため、個人営業の店を業界用語で**立ち店**もしくは**立ちずし**という。

回転ずしは一九五八年に大阪で誕生する。フランチャイズ化されたのが一九六十年代終わりのこと。ベルトコ

立ち店

ンベアーに二かんのすしをのせた皿が回り、客は好みのものを取って食べる。すし職人が楕円形のベルトコンベアーの中にいて握る**Oレーン**は、基本的に立ち店の形を継承し、価格帯を広げ現在に至る。

　平成に入ると、均一価格ですし職人は存在せず、すしダネは既製品、厨房でロボットがすしを作る、客は画面を見ながら注文する回転ずしが登場。これを**Eレーン**という。

　これに近年増えている立ち食いの店、六十年代にできた持ち帰りずし、スーパーのすし、宅配のすしなどが加わり、価格もすしダネも非常に多様化している。

Oレーン

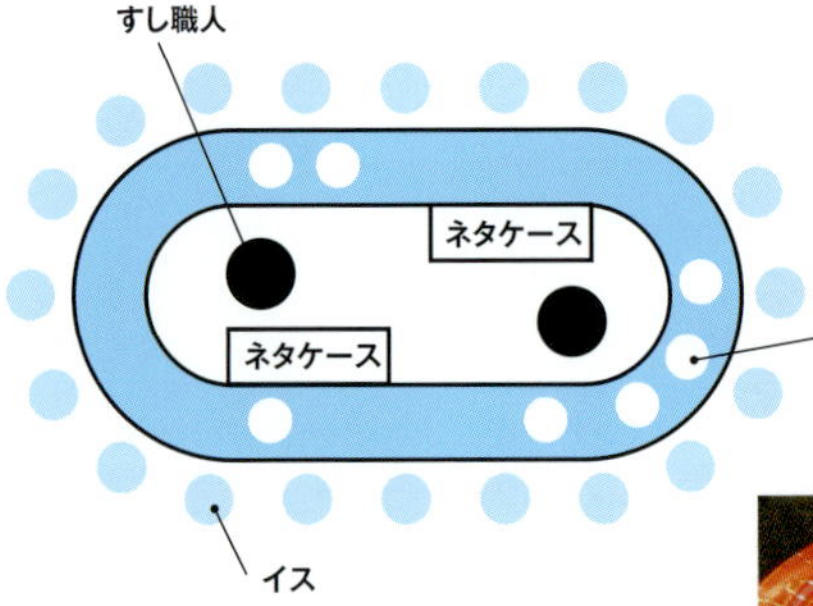

皿の色や模様で値段が違う。ときには立ち店よりも高価なすしダネが回る。

その土地で揚がる魚介類が味わえるのが楽しい。
鹿児島の地魚が魅力の「めっけもん」

1958年にベルトコンベアーに着想を得て考え出されたもの。基本形は楕円形のベルトコンベアーの中ですし職人が握り、ネタケースがある。すし飯の重さは一定ではなく、すしダネは店舗内で仕込むものと、加工されたもの両方がある。立ち店の形を色濃く残しているのが特徴。誕生時は安さが売り物だったが、最近では価格帯を広げて、立ち店以上に高価なものや、その地域ならではのすしダネを提供している。予算もいろいろ。店によってはアルコールや刺身なども置いていて、料金がわかりやすい。

Eレーン

座席にはタッチパネルがあり、
これで注文、精算する。

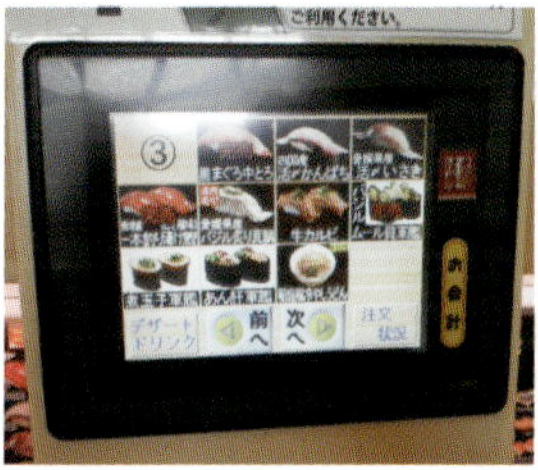

Eレーンでは当たり前のすしダネ、豚トロのあぶり。

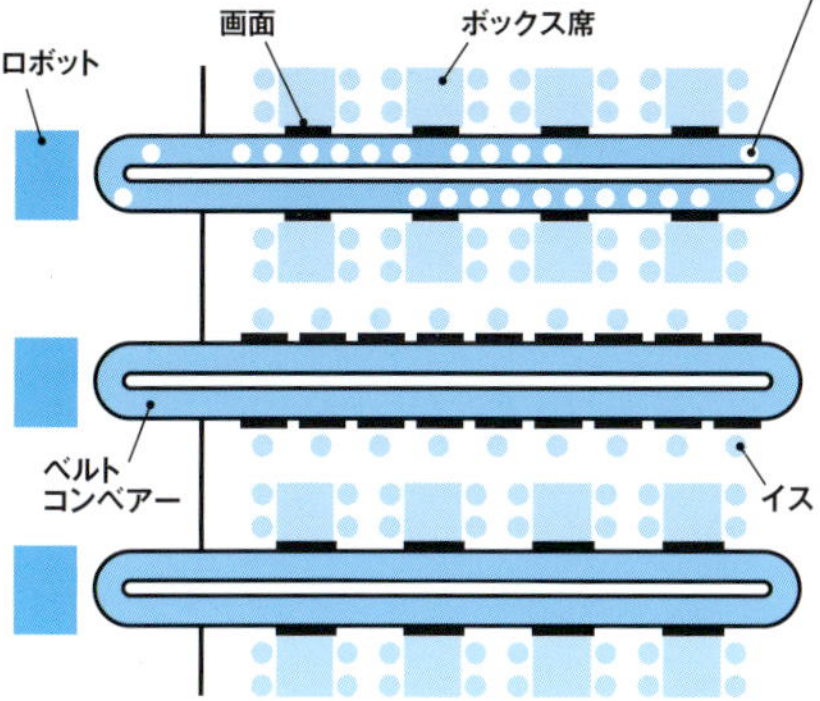

平成に登場。店内にはベルトコンベアーしかなく、厨房は隠れて見えない。のせるだけとなったすしダネを使用し、すし飯の重さは一定。握るのも巻くのもロボット。注文は画面を見て、精算も画面で行う。すしダネを供給する企業は世界中からあらゆる食品を調達し、加工する。魚介類に限らず、肉、野菜なども使う。立ち店の姿はかけらも残っていないが、ワイワイ楽しめて、味も進化中。

マグロ総論

食用マグロの種類は七種類
マグロの世界は奥深い

マグロとは分類学的にはサバ科マグロ属の魚のこと。世界中の温帯・熱帯域にかけ、広く大洋をエサの魚を求め回遊している。

食用マグロは基本的に七種類。高級すしダネで本マグロと呼ばれる太平洋のクロマグロと大西洋のタイセイヨウクロマグロの二種。それに次ぐ値段の南半球のミナミマグロ。庶民的なメバチマグロ。回転ずしの登場とともに人気が出たビンナガマグロ。西日本に多

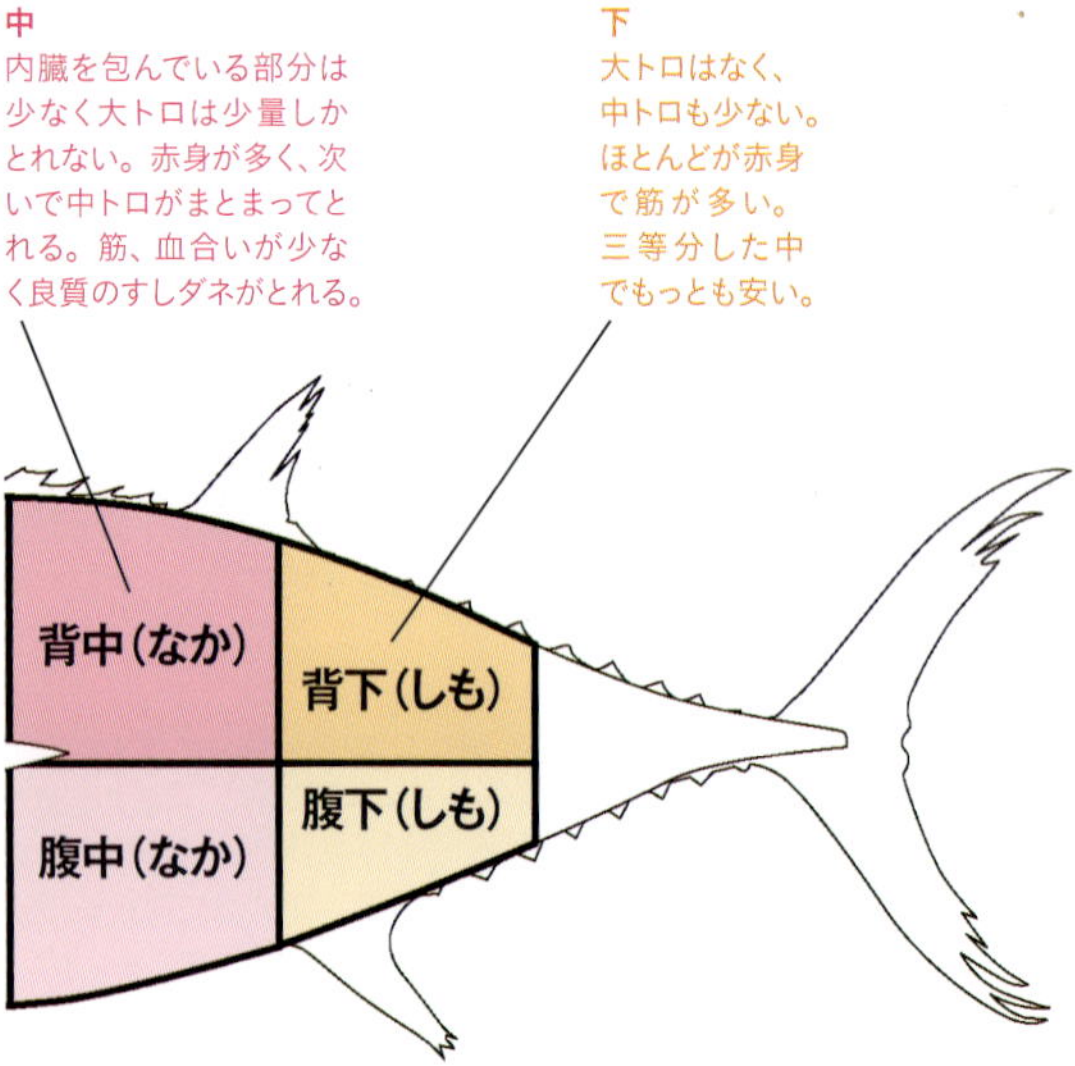
中
内臓を包んでいる部分は少なく大トロは少量しかとれない。赤身が多く、次いで中トロがまとまってとれる。筋、血合いが少なく良質のすしダネがとれる。
下
大トロはなく、中トロも少ない。ほとんどが赤身で筋が多い。三等分した中でもっとも安い。
背中（なか）
背下（しも）
腹中（なか）
腹下（しも）

いキハダマグロ。そしてバケマグロの別称のあるコシナガマグロである。ご祝儀相場の初競りとはいえ、一尾一億五千万円以上にもなる本マグロ、一尾数千円のコシナガマグロまで値段の幅が広い。

江戸前握りのよさは、このマグロ全種が食べられること。種類による味のよしあし、生か、冷凍であるかの違い、頭部、中落ちなど部分の味の違いなど、その奥深いマグロの世界を、食べて垣間見ることができる。

マグロは大きいので
四つ割にして頭部を取り、
頭に近い部分【上】、
真ん中【中】、
尾に近い部分【下】に
三等分する。

上
内臓を包んでいる部分が多く中トロ、大トロの比率が高い。ただしすしに使えない血合いや、腹骨があり、筋が多いので、すしダネにすると歩留まりが悪い。

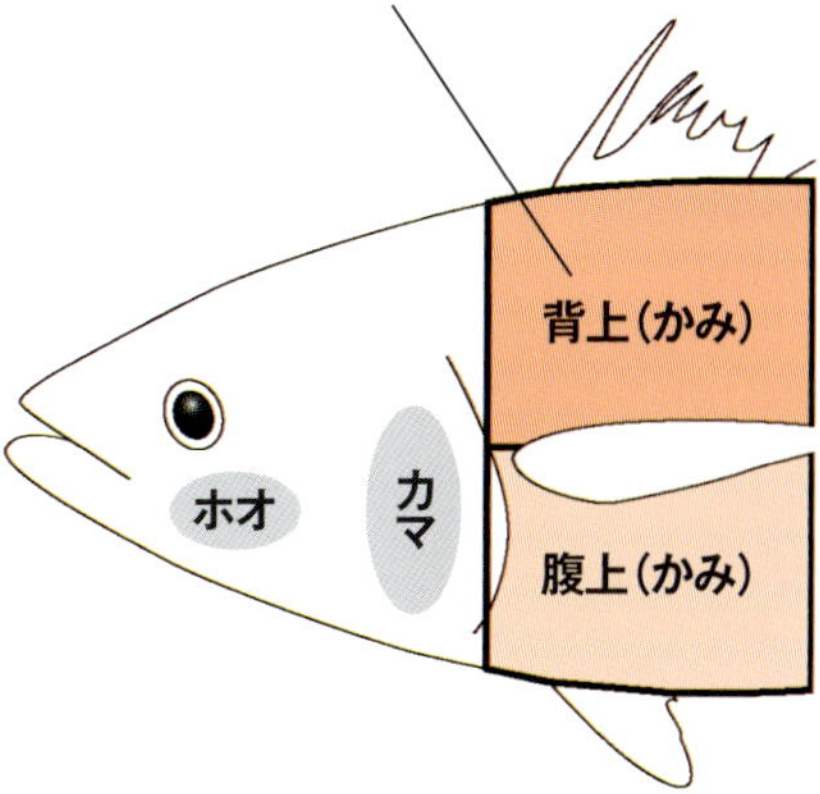

マグロのおいしさとは

地中海、大西洋、南半球など世界中から最上の生のマグロがやってくる築地市場大物競り場。マグロは釣り上げたときから、また、養殖ものは水揚げされたときから、同じ側を下にして、絶対に反転などはしない。上になった方が高く、下になった部分が安い。上質の天然ものから数字が書かれ、一番から順々に並んでいる。並ぶマグロの腹、尾、そして尾の一部を削り取るなどし、手でつぶしてみて脂ののり具合を見る。競り時間までの緊張感あふれるひとときだ。

平均的なマグロの断面

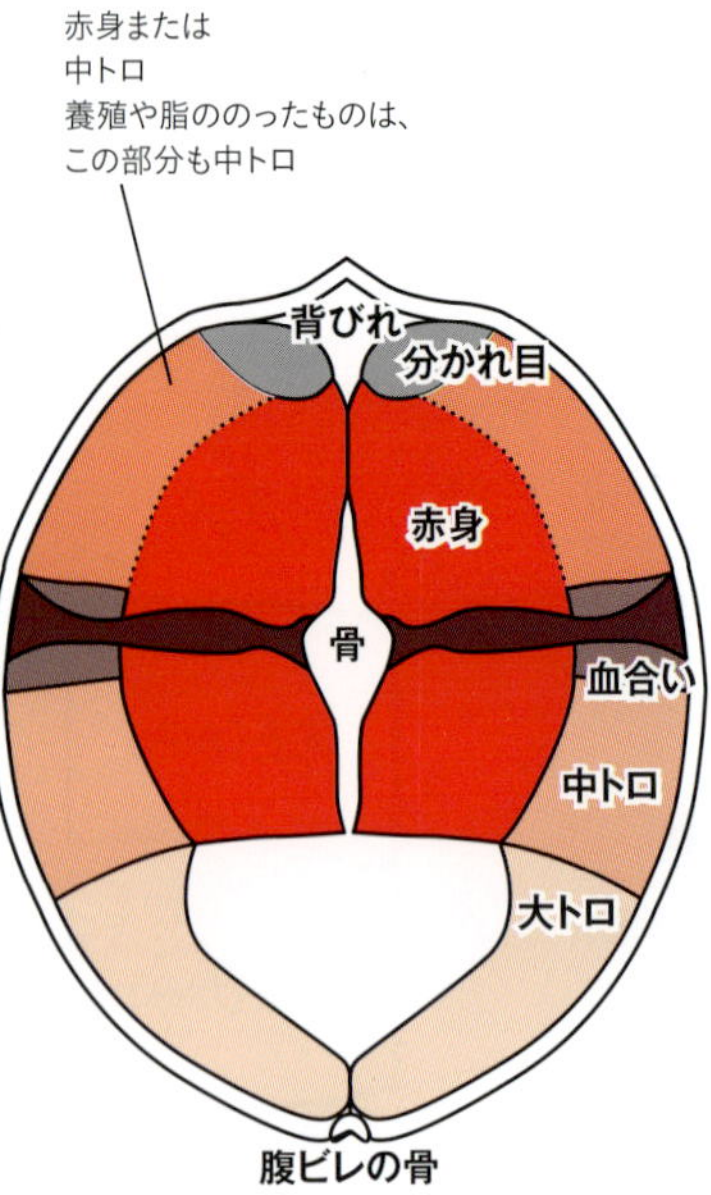

マグロの脂ののりは腹の中を触ってみる、尾の断面を見るなど様々。

大トロ
本来は内臓を包み込む筋が多く、非常に脂の強い部分。

中トロ
皮下の脂の強い部分で、養殖ものや旬の大型は背や後ろの部分にもある。

赤身
身体の中心部分にある脂の少ない鮮やかな赤色の部分。

血合い
ミオグロビンなど赤い色素タンパクが大量に含まれ、体内に多くの酸素を送り込む。すしダネとしては利用しない。皮に近い部分は「血合いぎし」という。

築地場内。競り落としたマグロは素早く下ろされる。マグロを下ろすのは熟練を要し、一人前に下ろせるようになるには十年以上かかるとも。

赤身

ずらりと並ぶマグロ専用包丁。形はまるで日本刀のよう。

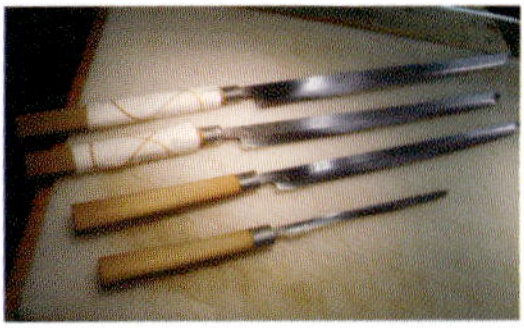

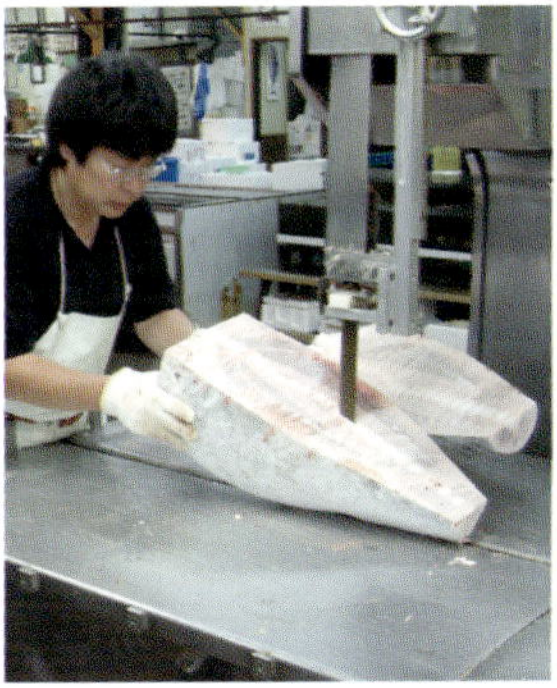

冷凍マグロは専用の電動のこぎりで材木のように解体していく。

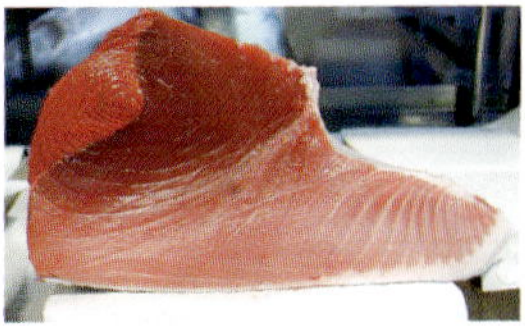

マグロの語源は「真黒」。体色が黒いためという説や、血合い肉など空気に長時間触れると筋肉が真っ黒になるためという説も。

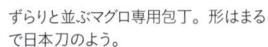

マグロのすしいろいろ

中落ちを握ったもの。柔らかく、ほどよい酸味がある。すし飯となじんでの後味のよさも特徴。

一尾のマグロの部分部分で味が違う、すしが違う

マグロを解体すると、身を上、中、下に分け、そこから冊取りする。そしてすしダネとして切りつけ、握るのが基本である。頭や鰭《ひれ》、尾の部分は捨てられるかというと、さにあらず。本体部位以上の美味がここにある。

昔は正規に売るのではなく、大物を扱う仲卸店の店員さんが特権的に手に入れて売ったとも、マグロ本体を買い求めたすし店にオマケとしてつけたともいわれる。これが「はちの身」「ほお身」「カマトロ」「中落ち」「ネギトロ」などで、今ではすべて貴重品となっている。

市販のネギトロを軍艦巻きにしたもの。本来のネギトロは中落ちなどで自家製するものだが、市販のものは数種類のマグロのいろいろな部分を合わせ、食用油などを加えて作られている。メーカーによって味は様々。少々キッチュではあるがよくできていてうまい。

鉄火巻きはすべてのマグロの、どの部位でも作られる。海苔の香りとすし飯、マグロの酸味が一体化してついつい手が伸びるうまさだ。

握りだけでは語れない マグロのすしの多様性

握り以外にも基本的に赤身で作るのが鉄火丼、鉄火巻き。ネギトロの軍艦巻きや、アメリカから逆輸入したカリフォルニアロールなど多種多彩なのである。

メバチマグロ赤身の鉄火丼。中トロなどを使ったものはトロ鉄火ともいう。気楽につまむ、というよりは食事ずしで、満足感がある。

中落ち
左右中央にあるのが中骨、中骨についている身を中落ちという。

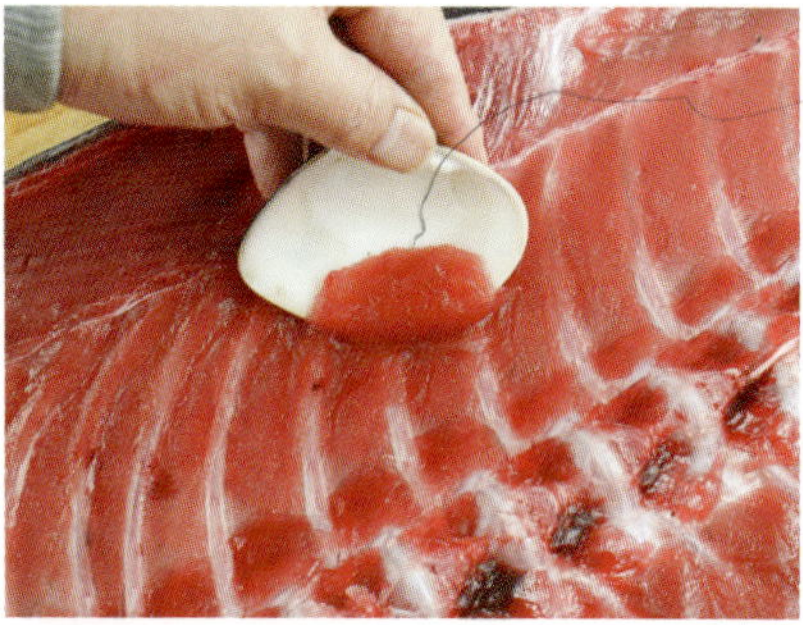

中落ちをハマグリの貝殻でかきとる。中落ち、尾、背鰭下などの身をかきとることを、古くは「ねく」「ねぎとる」といったのが、ネギトロの語源。

カマトロ
胸鰭のついた部分で人間では肩の部分に相当する。ここからとれる脂ののった部分をいう。この脂の甘いこと、大トロ以上を思わせる、まさに絶品。

タイセイヨウクロマグロのはちの身の握り。全体的に柔らかく、筋も弱い。トロとは違う甘みがあって、見た目以上に脂がある。

はちの身

「脳天」「頭の身」「頭トロ」などともいう。「八の身」と書く人もいるが、頭部のことを「鉢」というところから「鉢の身」だとも。頭部に2本あり目の上から吻(ふん)にかけての長い円柱形の筋肉。筋が柔らかく脂がある。

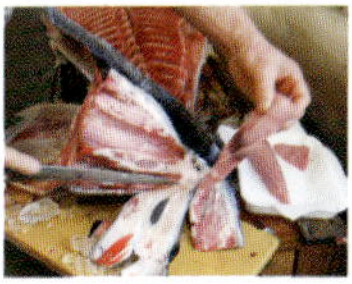

ホオ(ほお身)

メバチマグロのほお肉をあぶったもの。筋が強いが、非常にうま味が濃く、その上適度に脂がのっている。

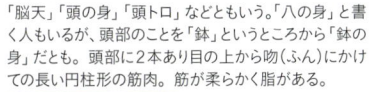

クロマグロ
タイセイヨウクロマグロ

本鮪《ほんまぐろ》

超高級魚で、すしダネの王様

大トロ
うまさに重量感がある。天然ものの大トロ。しっかりした身質ながら口に入れるとトロっと溶ける。これが強い甘みとなるが、ほどよい酸味もあり、味に深みがある。

養殖ものの大トロ。白濁して見えるのは脂が身に混在するため。室温で溶け始め、口に入れた途端、脂が甘みを放つ。酸味が少なく、まったりしている。

おさかなデータ

太平洋、大西洋の主に北半球の温帯域に生息【サバ科】

旬: 秋から冬

呼び名: 2007年に太平洋にいるものを「クロマグロ」とし、大西洋は別種「タイセイヨウクロマグロ」とした。だたし魚河岸ではともに「本マグロ」

食データ: 中トロと大トロの値段が高くなったのは昭和になってから。それまではネギとしょうゆ味で鍋物にして食べる庶民の味だった

北半球を回遊する、もっとも巨大でもっとも早く泳ぐマグロ

すしダネで「本鮪」と呼ばれるのは、クロマグロと、タイセイヨウクロマグロの二種のこと。見た目も味もほとんど変わらないので、一般に両種を区別しない。長距離を回遊するので、独特のエネルギー代謝をし、体内にミオグロビンという赤いタンパク質を持つので筋肉が赤い。

　本種は、マグロ類でもっとも北方まで回遊する。産卵は夏、寒さを避け暖かい

中トロ
脂、うま味などもっともバランスのいい部分。筋がなく端正できれいな握り。脂がほどよく口に溶け、酸味もかすかに感じられてマグロ本来のうま味が楽しめる。

赤身づけ
江戸時代後半、マグロが庶民に受け入れられたときにもっとも好まれた部分。しょうゆにつけて握る「づけ」が本来の形。後味がよく、何かんでもいける味。

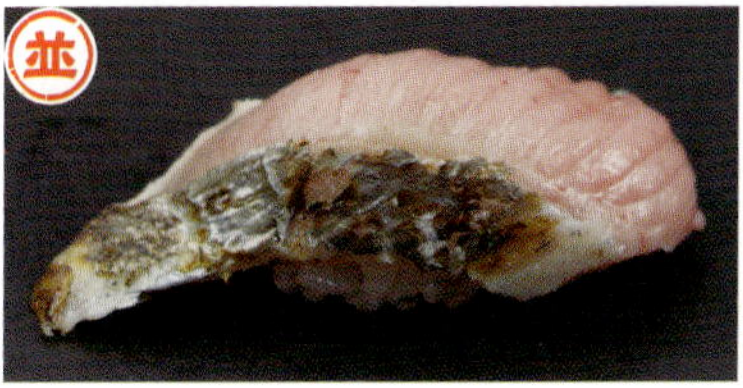

メジ腹あぶり
寒い時季が旬だが、一年中味がよく、親の味が落ちる夏場には主役級に。脂は少ないがマグロらしい酸味があり、皮をあぶると独特の風味がある。

海域まで南下するが、産卵後の親、稚魚はエサを追って北上する。

大型は年々減少、ご祝儀相場ながら一尾で家が買えるくらいに

国内の天然物の産地は北海道、青森県、新潟県、宮城県、和歌山県、島根県など。大西洋ではカナダ、アメリカやメキシコ、地中海など。

中でも北海道と青森県大間町で水揚げされるのは最上級で、二〇一三年の初競りでは大間産がご祝儀相場とはいえ一尾なんと一億五五四〇万円にもなった。

ミナミマグロ

南鮪《みなみまぐろ》

夏の南半球産は本鮪よりも高い

大トロ
クロマグロと比べるとほんの少しだけ酸味が強い。深みのある味わいに室温で溶けだしてくる脂の甘さが際立っている。写真は養殖もの。

赤身
非常に味わいが深く、酸味と甘みのバランスが絶妙。うま味が強いのに上品な後味。

写真：独立行政法人水産総合研究センター

おさかなデータ

太平洋、インド洋、大西洋の南半球に生息【サバ科】

旬： 春から夏

呼び名： インド洋でたくさん獲れたので、「インドマグロ」と呼ばれる

食データ： 魚では珍しく"食べ時"がある。獲れてすぐよりも、少し置いて熟成させる方がいい。マグロのプロは熟成の度合を見きわめる

北半球のクロマグロに対し、南半球のミナミマグロ

南半球の中緯度を回遊するため、脂ののる時期は夏で、クロマグロ、タイセイヨウクロマグロに次ぐ大きさ。戦後に漁場が開拓され、延縄《はえなわ》などで盛んに獲っていた。漁業国は日本、オーストラリア、ニュージーランド、南アフリカ、韓国、フィリピンなど。今では乱獲のため数が激減し、厳格な漁獲規制が行われている。これを補っているのが養殖。マグロ類で養殖対象となっているのは本種とクロマグロのみ。

メバチマグロ

眼《め》撥《ばち》鮪《まぐろ》

単に「マグロ」といったら本種のこと

中トロ
メバチマグロの身質の基本は中トロ。酸味が穏やかで甘みがあり、味わいに絶妙のバランスが感じられる。

赤身づけ
づけにしたもの。濃厚なうま味としょうゆが相乗効果を生み出して、非常に美味。すし飯との相性も非常にいい。

おさかなデータ

クロマグロ、ミナミマグロよりも暖かい海域で、世界中の熱帯、温帯域に生息【サバ科】

旬:	秋から冬
呼び名:	魚河岸ではもっぱら「バチ」、もしくは「バチマグロ」
食データ:	すしだけではなく、一般的に「マグロのお刺身」というと本種が出てくる

マグロの中のマグロ。普通、マグロと呼ばれるのは本種のこと

赤道を挟んで、北と南半球の熱帯、温帯域を回遊している。なかには重さ二百キロを超える大物もあるが、一メートル前後、百キロまでのものが多い。ずんぐりとした体型で、クロマグロと比べて目が大きく鰭《ひれ》が長い。延縄や巻き網で獲り、漁獲量も多く、ほとんどが冷凍での流通、生は貴重だ。特に秋に獲れはじめる三陸ものは高値がつけられる。赤身が多く、中トロもとれる。

赤身

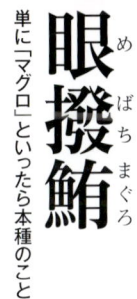

鬢《びん》長《ちょう》鮪《まぐろ》

安くてうまい庶民のマグロ。すしダネの新参者

ビンナガマグロの腹身の部分ビントロ。白っぽく見えるのは脂が身にたっぷり入っているため。口に入れるとトロッと溶けて甘い。

ビントロをあぶったもの。脂の甘みやうま味に、香ばしさがプラス。溶け出した脂が持つ、別種の味わいも魅力だ。

おさかなデータ

世界中の亜熱帯・温帯域を回遊【サバ科】

旬:	年間を通して
呼び名:	魚河岸でもすしの世界でも「ビンチョウ」、脂がのると「ビントロ」
食データ:	本来はツナ缶の材料。ツナ缶消費量日本一は沖縄。素麺と炒めて「ソーミンチャンプルー」が定番料理

今や超売れっ子だがすしダネとしてはもっとも新参者

もともと産地では脂ののった生のうまさがよく知られ、すしダネにも利用されていた。ただし全国区となったのは、回転ずしが急激に増えた七十年代のこと。脂ののった時期に獲れた本種の腹身の部分を「ビントロ」といい、回転ずしではスター級の人気がある。脂で白濁した赤くないビントロは、脂の甘さが強く、酸味がほとんどない。古くからツナ缶の原料となっている。

キハダマグロ

黄《き》肌《はだ》鮪《まぐろ》

夏に旬を迎え、西日本で人気

赤というよりもピンクといった方がぴったり。酸味が薄く本マグロとくらべると軽い味わい。ただ、マグロらしいおいしさにあふれ食べ飽きない。

大阪では本がつく マグロの中のマグロ

高知や和歌山など、主に西日本で水揚げされる。関東ではメバチマグロなどに比べ赤みが弱いため、人気がない。暖かい時季が旬で、生は関西を中心に出回り、西日本ではすしダネとしても人気がある。酸味も脂もほどほどで、さっぱりと上品な味わい。

おさかなデータ

世界中の熱帯、温帯域に生息【サバ科】

旬:	西日本で春から夏
呼び名:	大阪ではマグロを「ハツ」といい、いちばん味がいいので「ホンハツ」
食データ:	ツナ缶の材料のひとつ

コシナガマグロ

腰《こし》長《なが》鮪《まぐろ》

マグロの中で最小、獲れる量も少量

さっぱりとしたなかにも、ほどよい甘みと穏やかな酸味がある。意外に食べ始めると止まらないうまさ。

おさかなデータ

西部太平洋、インド洋、紅海を回遊【サバ科】

旬： 秋

呼び名： 魚河岸では「バケマグロ」

食データ： マグロの中ではもっともローカルなもの。九州、山陰では秋の味覚として楽しまれている

九州北部、山陰では秋を代表する味わい

九州北部や山陰などで、秋の風物詩的な存在。カツオの獲れないこの地方で、赤身魚として重宝されている。ほとんどが赤身のため、脂の甘さや酸味など、マグロならではのうま味は薄いものの、上品でさっぱりとした味わいに、惹かれる人も多いはず。

鰹《かつお》

江戸っ子が愛した魚だが新しいすしダネ

初ガツオの皮をあぶり握りに。表面に煮切りをぬっている。まだ脂が少ない分、甘みは弱く、皮下にうま味がある。煮切りの微かな甘みと、すし飯の酸味がさわやか。

戻りガツオの生。表面に脂の層があり、これがほんのりと甘く、さわやかな酸味がある。握りとしての満足度が大きい。

おさかなデータ

世界中の熱帯・温帯域を回遊。日本海にはほとんどいない【サバ科】

旬: 春と秋。脂ののりは秋

呼び名: 「本カツオ」とも。硬い魚と書くのは古くは鰹節や干物として都などで食べられていたため

食データ: 鰹節は太平洋の熱帯域でひろく作られているもの。日本食の原点でもあり、熱帯太平洋の味でもある

カツオは新しいすしダネのひとつ なぜなんだろう?

すしの世界では本種を「忙しいすしダネ」というらしい。マグロなどに比べると足が速く、仕入れた日に売り切りたいからだ。このため、その江戸っ子に愛された本種も、すしダネとしては比較的新しい。初カツオは皮つきでそのまま、たたき風にして握り、戻りガツオはそのまま生で、もしくはづけにして握る。最近では冷凍流通もあり、身質も季節や大きさで様々。

ハガツオ

歯《は》鰹《がつお》

西日本ではカツオより愛される

赤みは弱いものの皮自体と皮下にうま味がある。あぶりにして握れば香ばしさと皮下の甘みが、うなるほどにうまい。

おさかなデータ

南日本、インド洋・太平洋域に生息【サバ科】

旬: 秋から冬

呼び名: 関東では「トウサン」

食データ: 歯が鋭いので歯鰹と呼ばれる

実に味がいいけど鮮度がすぐに落ちる

体長は一メートル以下。西日本に多く、九州ではカツオよりも本種の方が好まれる。赤みが薄いのが残念だが、すしダネとしては一級品。強いうま味、脂の甘さ、すし飯との相性のよさ、違和感のない硬さなど、ローカルな存在としておくには惜しい。

平《ひら》宗《そう》太《だ》鰹《がつお》

日本海では「カツオ」といえば本種

カツオよりも酸味が少なく、皮下に脂が層を作り、うま味と甘みがとても強くすし飯と相性抜群。

秋の脂ののったものは本鮪より上かも

旬の本種のうまさには驚く。皮下の層になった脂が非常に甘く、その下にちゃんと赤身の味わいが隠れているのだから、たまらない。濃厚なのに後味がいい。ほどよい柔らかさですし飯とのなじみも絶妙。大型のものは、間違いなくマグロ以上。

おさかなデータ

世界中の熱帯、温帯域に生息【サバ科】

旬: 秋から冬

呼び名: 宮城県では福を呼ぶ「福来(フクライ)」

食データ: 北陸では鰹節を作るのに使われる

スマ

縞《す》鰹《ま》

とれる量が少ないのが残念

カツオやマグロの仲間でも屈指の美味を誇るので、まずはほどよい酸味をともなう濃厚なうま味、そして後味のよさを味わって産地で愛される1かん。徐々に値を上げてきている。

おさかなデータ

南日本に生息【サバ科】

旬：　国産は秋から冬

呼び名：　胸鰭の下に黒い斑点があるので「ヤイト」

食データ：　沖縄では酢みそで刺身を食べる

あまりたくさん獲れない美味な赤身魚

沖縄ではカツオの中でも特にうまいとされているため真ガツオ（まーがちゅー）という。きれいな赤身で、暑い地域ではさっぱりとした味わいが好まれている。沖縄、九州から和歌山などではすしダネとしても人気があり、赤身としてはカジキ類よりも好まれている。

メカジキ

眼《め》旗《か》魚《じき》

身質には大トロ、中トロもある

独特の風味に強い甘みがあって、単独では粗暴な味わいであるのが、すし飯と合わさると見事に調和する。

写真：独立行政法人水産総合研究センター

おさかなデータ

世界中の温帯・熱帯域に広く分布【メカジキ科】

旬: 国産は夏から秋

呼び名: 「ハイオ」「シュウトメ(姑)」

食データ: コスモポリタンな魚。世界中で食べられている

白いほど口のなかでトロッと溶けてうま味が強くて甘い

世界中の海で獲れ、体長三メートルにもなる巨大魚。古くから愛されてきた惣菜魚。三陸などではマグロの赤と合わせて紅白の刺身に。マグロのように中トロ、大トロがあって、脂がのっていていやみがないので、人気が高まってきている。

マカジキ

真旗魚《まかじき》

古くはマグロは下魚、マカジキは上物だった

一見マグロの赤身のようだが、よく見ると脂の入り方や、色合いがどことなく違っている。口にするとマグロなどとくらべると淡泊でありながらうま味が非常に濃い。

腹身の内臓を包む薄皮をあぶったもの。脂がほどよくのり、あぶった香ばしさも心地よい。すし飯とのなじみもいい。

写真：独立行政法人水産総合研究センター

おさかなデータ

インド洋・太平洋の熱帯から温帯域に生息している。カツオなどもエサとする肉食魚【マカジキ科】

旬： 秋から冬

呼び名： 北陸では「サワラ」

食データ： 築地のマグロ売場は日々注目の的だけど、同じ大物でもカジキの競場はひっそりとして寂しい。昔はカジキの方が人気者だったのだけど……

見た目は典型的な赤身だが味は上品で高貴

江戸時代、マグロは庶民が食べる下魚だったが、本種は大名・殿様の膳にも供せられる上物だった。今でも高級料亭の中には「マグロよりもマカジキ」というところも多い。赤身なのにあっさりと品のある味わいで、後口がいい。すし飯と合わせてもやや淡泊なので、脂志向の現代では今イチ人気薄。ただし、国産の上物を食べると、そのうまさに驚くこと受け合い。マグロとはひと味違ううまさがある。

サーモンについて

身の色が「サーモンピンク」だからサーモン。世界中を征服してしまいそうな養殖サケ

国内で食されているサーモン（サケ科）は、太平洋側に標準和名の**サケ**、国内ではほとんど獲れない**ベニザケ**、資源的にはもっとも多くサケ缶の原料になる**カラフトマス**、ほとんどすべてが養殖されたものである**ギンザケ**と**ニジマス**。これに大西洋の**タイセイヨウサケ**（**アトランティックサーモン**）が加わり、計六種。キングサーモン、サクラマスなどもあるが、この六種に比べると、量的には少ない。

サケ類にはアスタキサンチンという、抗酸化作用などで注目を浴びる物質を持つものと、持たないものがある。アスタキサンチンは赤い色素でサーモンが「サーモンピンク」をしているのは、この物質のため。国内でのサケは「サーモン＝アスタキサンチンをたっぷり含む赤い身を持つサケの仲間」と考えるとわかりやすい。

サーモンで世界的に養殖されているのは**ギンザケ**、**ニジマス**（流通上は**サーモントラウト**）、**タイセイヨウサケ**の三種類。

ニジマスと**ギンザケ**は国内生産もあるが、多くがチリやノルウェーなどから、**タイセイヨウサケ**はノルウェー、アメリカ、オーストラリアなどから輸入されている。

養殖名: シナノユキマス
種名: コレゴヌス・マレーナ
原産地: 東部ヨーロッパ、ロシア
養殖地: 長野県

すしダネとしてはニジマスとタイセイヨウサケが多く、ギンザケは少ない。なかでも世界的に増大しているのがニジマス。サーモントラウトという名の人工的に作り出された、海で養殖されるニジマスで、すしダネ界の王座からマグロを追い落とす勢いで人気を増大させている。

コレゴヌス。握りを見てもサケの仲間だとは思えない。「脂ののったタイだね」と言ったすし職人もいる。非常にうま味と甘みがあり、すしダネとして上々なのだ。

サケの仲間は赤身ばかりではない！

世界中にはサーモン以外のサケもいて、すしダネとなっている。それがユーラシア大陸にいる身色が赤くない**コレゴヌス**（写真左上）と、国内にもいる海に下らないサケの仲間、イワナ。**コレゴヌス**は長野県のシナノユキマスや福島県の会津ユキマスとして養殖され、国内でも食べられる。海に下らない（陸封化された）サケの仲間は**ヒメマス**、**ヤマメ**、**アマゴ**や**イワナ**（写真下）など。これも天然ものは少なく、ほとんどが養殖もの。ローカルなすしダネになっている。

イワナ。活け締めを握ったもの。見た目からして白身。でもしっかりサケ的な味わいがある。養殖なので脂がのり、甘く、すしダネとしても優れもの。

標準和名： イワナ
生息域： 四国をのぞく、九州から北海道の河川上流部
養殖地： 日本各地

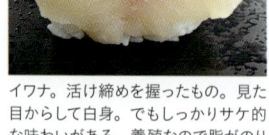

ベニザケ

紅鮭《べにざけ》

世界的にサケ科最高峰の味わい

北海道の定置網に希に入る貴重な生のベニザケを握りに。知る人ぞ知る北海道の超高級ネタ。サケのなかでももっとも味がいい。

おさかなデータ

択捉島、カリフォルニア以北の河川に遡上。国内では希にとれる【サケ科】

旬: 春から夏だが鮮魚は希

呼び名: ベニマス

食データ: 基本的にアメリカアラスカ、ロシアなどから輸入されている。これを塩鮭などに加工するがサケの中でももっとも高価。

サケの仲間でもっとも美しいすしダネ

国内の河川には遡上せず、まれに北海道や三陸の定置網でとれる。焼いても生で食べてもサケ科最高峰の味。すしダネとしては基本的に輸入もののスモークサーモンを使うことが多いが、国産ものは生のまま一度冷凍してから使う。国産のものは幻の種として知る人ぞ知るもの。サケの中でももっとも色合いが美しく、うま味、甘味が強いのに後味がいい。すし飯との馴染みもよく最上級の握りに。

タイセイヨウサケ

アトランティックサーモン

これぞ、ヨーロッパのサーモン

口に入れるや表面がとろけてきて、ほんのりサケの風味があるが、これがまた心地よい。

おさかなデータ

大西洋、北極海に生息【サケ科】

旬: 養殖なので年中

呼び名: 一般的に「サーモン」

食データ: 現在、多くのサケの仲間が養殖されているが、本種はもっとも早い時期にノルウェーで養殖が始められた。世界の魚食地図を塗り替えた魚でもある

サーモンは主に本種を指す言葉で大西洋沿岸で生まれた

ひと口にサーモンといっても大西洋のサケ類と、太平洋のサケ類は別属。サーモンの語源となったのは大西洋のサケ類で、本種はその代表的なもの。ギンザケとともに古くから養殖が行われている。食用として輸入されているものは養殖もの。産地はノルウェー、オーストラリアのほか続々と増えている。ギンザケ、サーモントラウトとともに三大輸入養殖サケと呼びたい。

サーモントラウト

人工的に作り出した養殖魚

基本形の生の握り。ほどよい柔らかさ、脂からの甘みがあり、すし飯との一体感もある。現代のすしの世界では定番の１かん。

軽くあぶったサーモンにバジリコ風味のジェノベーゼをのせたもの。こんなイタリアンなものが意外に合うのである。

おさかなデータ

基本的にニジマスだが、自然界には存在しない【サケ科】

旬: 養殖なので年中

呼び名: 一般的に「サーモン」「トラウト」

食データ: スーパーなどで売られているサーモンの切身、刺身などはほとんど本種

人間が作り出した海面養殖用のニジマス

基本的に海に下るサケの仲間を〝サーモン〟、一生淡水で暮らすものを〝トラウト〟という。本種は、このサーモンタイプのニジマスと、トラウトタイプのニジマスを掛け合わせたもの。九十年代後半、養殖サケは天然サケを生産量で上回ったが、本種はその立役者ともいえる。産地はノルウェー、チリ、国産もある。基本的にフィレやドレス(→P244)で冷凍輸入されている。

ギンザケ

銀《ぎん》鮭《ざけ》

養殖サケはギンザケから始まった

宮城県女川産の生を握ったもの。まず、色の美しさに感激し、味のよさにまた感激する。

おさかなデータ

北大平洋に生息。天然ものは国内海域にはいない【サケ科】

旬: 春から夏

呼び名: 単に「ギン」

食データ: 日本向けのサケがチリで養殖されるようになって久しい。一時期、コンビニおにぎりの鮭のほとんどが本種だったことも。ただし、宮城などの国産が味は上。

日本の海域には生息しない養殖サケの花形

国内に生息するサケよりもより冷たい海域にいて、北の河川に遡上する。古くは北洋での漁で水揚げされた天然物が国内に出回っていたが、近年天然ものはほとんど見かけない。海面でのサケ養殖を始めたのは世界中で日本がもっとも早く、その主役が本種。宮城県で養殖し、出荷するまでになったとき、養殖技術をチリに移植。今では国産ものよりもチリからの輸入ものが主流となっている。

桜《さくら》鱒《ます》

サケ科のなかでも、もっとも高級品

急速冷凍し、一定期間保存したものを握りに仕立てたもの。なんといってもうま味が強く、ほどよい甘みがある。

おさかなデータ

神奈川県、山口県以北、北海道の河川に遡上【サケ科】

旬： 春から初夏

呼び名： 一般的に「マス」「本マス」

食データ： 桜が咲く頃に獲れるので桜鱒。山形県などではハレの日のごちそうとなる。また、富山県名物「ますのすし」の“ます”は本来は本種

北陸、東北に春の訪れを告げる魚

江戸時代以前、マスといったら本種一種類のことであった。現在でも標準和名ではなく「本マス」と呼ばれることが多い。同じサケ科の魚には日本海や東北、北海道の河川で生まれ、そのまま一生を淡水で暮らす陸封タイプと、本種のように海に下る降海タイプがある。本種は桜の咲く季節に漁の最盛期を迎えるので、この名があり、ひな祭りなどに食べるなど、食文化上も重要な魚である。

サケ

イクラ

サケの卵は親よりも貴重なすしダネ

しょうゆイクラ
塩イクラよりマイナー。水分が多いので出前などに向かないが、マイルドでしょうゆのうま味が加わって非常にうまい。

塩イクラ
ほぐした筋子を塩漬けにしたもの。サケの卵ならではの、濃厚でジューシーな味わいをシンプルに楽しめる。

おさかなデータ

九州以北の日本海、利根川以北の太平洋に流れ込む河川に戻る【サケ科】

旬: 生は夏から秋

呼び名: ほぐしていないものは「筋子」

食データ: 古くはとてもローカルな食べ物だった。塩やしょうゆに漬ける現在の形ではなく、汁ものの具にしたり、煮たりしていた

軍艦巻きの登場とともに生まれた新しいすしダネ

古くは、サケの卵は新巻鮭などを作るときの副産物として、北海道など産地のみで消費されていた。日本の漁師達がアムール川河口付近に入植したのが明治期。ここでサケを獲り、国内に出荷していた。まだこのときは卵は出荷できず、キャビアを塩漬けにしていたロシアに加工法を教わることに。イクラとはロシア語で魚卵のこと。この言葉が日本に定着したのはこんな歴史があったため。

ニシン

数《かず》の子《こ》・子《こ》持《も》ち昆《こん》布《ぶ》

もともとは年越しの食べものだった

数の子
こりこりして、噛めば噛むほどうま味がしみ出してくる。そこにすし飯が合わさったとき、なんともいえぬ味わいが生まれる。

子持ち昆布
数の子の濃厚なうま味に昆布の穏やかな甘みと味がプラス。最上級の味がダブルで味わえる。

おさかなデータ

千葉県以北の太平洋、島根県以北の日本海に生息【ニシン科】

旬: なし

呼び名: ニシンのことを東北・北海道などでカドと言った。それで卵を「カドの子」といい、これが変化して「数の子」に

食データ: お正月には子孫繁栄を祈って食べていた。おめでたい食べ物なのだ

一時は〝黄色いダイヤ〟などと呼ばれ、超高級品に

ニシンからとれる卵巣を、干したり、塩漬けにしたものが「数の子」。産卵して海藻に分厚い層を作ったのを「子持ち昆布」という。親の方は庶民的な魚だが、子はおせち料理に使われるなど、古くから高級なものであった。高級な数の子が〝黄色いダイヤ〟と呼ばれ高騰したのは、戦後ニシンがぱったり獲れなくなったため。現在、資源は徐々に回復しているが、市場に出回るほとんどが輸入品だ。

トビウオ

飛《と》び子《こ》

今や輸入ものがほとんど

やや甘口の飛び子を軍艦巻きに、というのは最近の流行り。口の中のあちこちではじける食感を楽しむ。

軍艦よりもちらしずし彩りに使うものだった

古くは日本料理の彩りに使われていたが、今では回転ずしなどの軍艦巻きが定番に。本当の色はくすんだベージュで、赤く着色しているのがほとんど。プチッとしてほどよい塩味が、すし飯とよくなじむ。キュウリやウド、マヨネーズと合わせてもうまい。

おさかなデータ

世界中の亜熱帯・温帯域を回遊【トビウオ科】

呼び名: 西日本では「とびうおのこ」という。これが「とびこ」に

食データ: もともとは初夏に北上してくるホソトビウオという魚の卵が主だった

カラフトシシャモ

カペリン子

シシャモの仲間の子

イカそうめんに濃厚なカペリン子を合わせたもの。濃厚すぎる味わいをイカの甘さが穏やかに。

魚卵

国内ではほとんど獲れない北欧生まれの新しい味

シシャモやカラフトシシャモ（カペリン）の身と卵に共通するのが、独特の渋みをともなった甘み。これがやみつきになる根源。ほかの魚にはない複雑なうま味で、すし飯との相性が不思議とよい。濃い味なのでイカやキュウリなどと合わせて、おもしろい味になる。

おさかなデータ

太平洋、大西洋の亜寒帯に生息【キュウリウオ科】

呼び名： 昔は「シシャモ」と呼ばれていたので、卵も「シシャモ子」

食データ： シシャモは実は高級なもの。なんとなくシシャモだと思っているのがカラフトシシャモであることが多い

スケトウダラ

鱈《たら》子《こ》

親より人気。塩漬けか明太子で味わう

軍艦巻きに詰め込むと濃厚な味で塩辛いのでキュウリを挟む。インパクトのある味で病みつきに。

おさかなデータ

山口県以北の日本海、宮城県以北の太平洋、北海道に生息【タラ科】

呼び名: 赤いので「紅葉子（もみじこ）」の別名もある

食データ: 親は鮮魚よりも、すり身になりかまぼこになる

塩漬けか明太子を軍艦巻きか巻きずしで

国産の塩漬け、韓国の唐辛子が効いた明太子、どちらを選ぶのかはお好みで。軍艦巻きか、巻きずしにする。上物ほど苦みが少なく、ねっとり、ほんのり甘い。非常にうま味が強く、濃厚なのでさっぱりしたキュウリなどを合わせてもうまい。

マダラ

真《ま》鱈《だら》子《こ》

鱈子よりずっとローカル

卵粒が鱈子より大きく、少し大味だが、渋みもクセもなく、まったりとした穏やかで、優しい味。すし飯との相性もいい。

とてもローカルな珍しい食材

スケトウダラの子であるタラコに比べ、とてもマイナーな存在。産地以外でマダラコは滅多に見かけない。残念ながら知らない人も多い。大味だといわれるが、軍艦巻きのまったりとした優しい味わいに、鱈子とは別のよさがあると思うはず。

おさかなデータ

山陰以北、常磐以北の太平洋に生息【タラ科】

呼び名: 「特大鱈子」で売っていることも

食データ: 親は世界的に人気があり、白子は超高級食材でもある

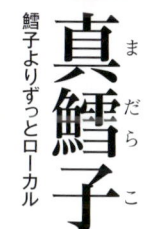

コノシロ

小鰭《こはだ》

江戸前ずしの基本、すし通への入り口

新子《しんこ》（体長4〜10センチ）
まだ生まれたばかりで口に入れるとふわっと溶ける。溶けながら甘く、青魚らしい味があって、うまさがめまぐるしく舌に踊る。

左は体長10センチの「こはだ」。右は体長4センチの「新子《しんこ》」。

おさかなデータ

新潟県、仙台湾以南に生息【ニシン科】

旬：	小鰭は秋。成長段階を追って年中
呼び名：	「ツナシ」「ハツコ」
食データ：	握り以外にも兵庫県姫路市では押しずし、熊本県天草では姿ずしに。すし飯のかわりにおからを使ったすしもある。本種はすしの魚の代表

食べる地域と、食べない地域がある内湾生の小魚

内湾に普通に生息する小魚で、これを食べる地域と食べない地域が極端に分かれる。江戸前ずしのように主役級なのは珍しい。春の新子《しんこ》の代表的な産地は鹿児島県出水市、愛知県三河湾、静岡県浜名湖など。

生まれたばかりは超高級魚
小さいものほど高い
魚類では珍しい逆出世魚

江戸前ずしを代表するもの。成長にともない名前

こはだ
（体長10～14センチ）
江戸前ずしでいちばん好まれる1尾で1かんの握りになるサイズ。まだ小骨が柔らかくすし飯と絶妙に馴染む。

なかずみ
（体長15～18センチ）
こはだ、このしろの中間の大きさという意味合いか？　育ちすぎで小骨が気になるが、いちばん味わい深い。意外に通好みのすしダネ。

このしろ
（体長18センチ以上）
頑固なすし職人は見向きもしない。小骨が多くて大味というが、実は味がよく、皮目に独特の風味がある。

光りもの

が変わる魚を出世魚というが、本種は逆出世魚。稚魚である「新子《しんこ》」の走りに高値がつくため、初夏の初物の値段は魚河岸最大の関心事。「こはだ」「なかずみ」「このしろ」と、徐々に安くなる。魚河岸では「こはだ」サイズが尊ばれるので、これがすしダネの基本的名称となっている。

江戸時代以来、屋台店などで売られた並ネタ。酢じめが基本形。季節や脂ののり具合などで塩加減、酢に漬ける時間など、職人の腕がわかるすしダネとされている。

すし一かんの重さと値段

写真の新子(コノシロの稚魚)は1尾重さ五グラム前後、五尾で一かんとなる。すしダネの原材料の重さ二十五グラムくらいだ。六月の購入時百グラム1万円だったので、すしダネの原価2千5百円。慎重に触っても崩れてしまう新子を一人前のすし職人が数時間かけて仕込む。プロとはいえロスもでるだろう。さてこれをすし屋さんでつまむと1かんの値段はいくらになる?

マイワシ

鰯《いわし》

今や上物の仲間入り、梅雨時から秋が主役ネタ

夏から秋にかけて、本種の脂は皮下に分厚い層を作る。口に入れた途端脂が溶けて甘みを感じさせ、さらに脂の下にはちゃんと青魚らしい味わいを感じさせる。

旬を外して脂のないものは酢じめにして握る。光りものの濃厚なうまさに醸造酢のさっぱりした酸味と風味が調和する。1かんとしての完成度が高い。

おさかなデータ

沖縄をのぞく日本全国の海に生息【ニシン科】

旬: 梅雨時から秋

呼び名: 魚河岸では体にある斑点から「七つ星」などと呼ばれる

食データ: たくさん獲れる時期と、獲れない時期が数十年周期でやってくる。獲れない時期には1尾3,500円もした

紫式部も愛した庶民の味。マダイよりも高いときもある

日本列島をぐるりと取り巻くように回遊している。マグロやカジキなど肉食魚のエサとなる。イワシはプランクトンを食べているので「海の草食動物」などともいわれている。日本人にはなじみ深い魚で、干物や煮干しなどに加工される。下魚などと言われる反面、紫式部も好んで食べていた(?)とも。数十年単位で豊漁期と不漁期の波があり、不漁期には高騰し、実際にマダイよりも高いことも珍しくない。

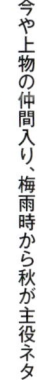

ニシン

鯡《にしん》

鮮魚より加工品が主役

酢じめ。真冬に北海道より入荷のものを軽く酢で締めたもの。
鰯よりも軽く、上品な味わい。

おさかなデータ

千葉県、日本海以北に生息【ニシン科】

旬: 秋から春

呼び名: アイヌ語で「ヘロキ」

食データ: 漢字魚へんに非（あらず）は、昔松前藩が米の代わりに年貢として徴収していたため

北海道のご当地ネタが徐々に他の地方でも人気に

北海道などのご当地ネタだったが、味がいいので徐々に他の地方でも人気に。味の特徴は青魚特有のうま味の強さ。甘みもあり、酢じめにしても本来の味を強く感じる。秋に出回る日本海ものや三陸ものなど、鮮度のいいものがあるとすし職人の目の色が変わる。

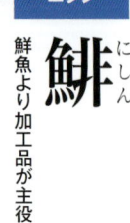

キビナゴ

黍《きび》魚《な》子《ご》

銀色の帯をした王子様と思うべし

手開きにし小さいので2枚づけにしたもの。銀色の帯がきれいで、味が濃厚。薬味はネギ、しょうが。

九州人がこよなく愛している小さくて美しい魚

　産地、特に九州では定番のすしダネ。体に走る銀色の帯は、皮を引いてもきれいに残る。味もよいが、小さいので、数尾合わせて使う。残念ながら、生の握りは産地が近くないと日常的には食べられないが、一度食べたら、また産地にまで食べに行きたくなる。

おさかなデータ

南日本に生息【ニシン科】

旬:	秋
呼び名:	「キミイワシ」「ハマゴイワシ」
食データ:	九州では鍋もの、干物、天ぷら、刺身に、と本種のない食生活は考えられない

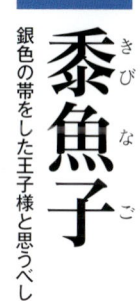

針魚《さより》

春の江戸前では今もたくさん獲れている

白身に一本の青い筋が見た目にも美しい。口に放り込むとほどよい食感が楽しめ、背の青い魚に近い濃厚なうま味と甘みがあり、ほんのりとした苦い後味が春を感じさせる。

酢であらって片身づけにしたもの。折り曲げた部分におぼろを乗せるのが伝統的な形。ほんのり苦みを感じて、そこに甘いおぼろがくる。絶妙の取り合わせといえそう。

酢じめ。これを鉢巻きという人がいるが、正しいのかどうかは不明。さっぱりとした中に、サヨリ独特の風味があって、やみつきになる味。

おさかなデータ

北海道〜九州に生息【サヨリ科】

旬: 冬から春

呼び名: 大きいのを「閂(かんぬき)」

食データ: まことに美しい魚、だけどお腹をさくと真っ黒け。魚河岸で腹黒い人のことを「サヨリのような人」という。塩焼きもうまい

江戸前を代表する魚 今でも東京湾で健在だ

穏やかな海域の海面近くを、細長く突き出た下あごで、小さな甲殻類などをすくい取りながら泳ぐ。体が透明なのは、肉食魚から見えにくくするため。瀬戸内海、北陸、若狭湾などが産地。江戸前内房では、春になると、盛んに漁が行われる。サヨリの「苦味」に春を強く感じる。石川県では本種を「花見魚」などとも。厳寒を過ぎ徐々に暖かくなってくると、セリや三つ葉、貝、本種などの苦みがいい。

サンマ

秋《さ》刀《ん》魚《ま》

脂の層の厚みに、季節の移り変わりを感じる

脂が層になっている旬の9月。口の中でとろけて濃厚な味わい。これを大葉の香りが和らげてくれる。すし飯との相性も抜群にいい。

日本海の脂のないのを酢じめにして握ったもの。さっぱりして淡泊だが、サンマらしいうま味は強い。

おさかなデータ

日本各地に生息【サンマ科】

旬: 秋

呼び名: 「サヨリ」「サイラ」

食データ: サンマには、太平洋ものと、日本海ものの２群がある。普通サンマといえば太平洋のもの。日本海のサンマは脂が少ないので、ほとんど知られていない

日本各地に生息するが もっとも重要なのは太平洋群

列島を南北に回遊する。比較的暖かい海域で産卵。生まれて間もない稚魚は針子《はりこ》と呼ばれ鉛筆よりも細いサイズ。これが徐々に成長しながら北上する。七月、北海道東沖での漁の解禁時は、小型船での操業で「初サンマ」として高値がついていたが２０１７年からの不漁で信じられない値段に。これが八月の灯火で寄せて大型船で大量にすくい獲る棒受け網漁になると、途端に値が下がる。すしダネの歴史は浅い。

マサバ

鯖《さば》

「安いすしダネ」であったのははるか昔

酢じめ。脂ののった秋のサバを酢じめにしたもの。口の中で軽くくずれて甘く、酢の香り、酸味がさわやかで後味がいい。

養殖サバ。まるで大トロ。室温に置いただけで表面の脂が溶け出してくる。口に入れると、当然とろりと溶け、非常に甘みがあって濃厚な味わい。

おさかなデータ

日本各地に生息【サバ科】

旬: 秋から冬

呼び名: 「本サバ」「平サバ」

食データ: サバは百薬の長。血液をサラサラに、成人病を予防し、眼がよくなり、皮膚がすべすべになり、頭までよくなる、とされている

古くは地味すぎる存在 今や輝けるスター

日本列島周辺を南北に長い距離を回遊するタイプと、比較的狭い地域を回遊するタイプがあり、一般に後者が美味とされている。古くは焼くか煮るか、酢じめにするかだったが、最近では生で食べるのも普通に。この一大革命を起こしたのが八十年代に活け締めでの出荷を始めた大分県佐賀関の「関《せき》さば」。主に九州で食べられていた刺身が、関東などでも認知され、超高級魚の仲間入りをはたしている。

ゴマサバ

胡《ご》麻《ま》鯖《さば》

マサバよりも、少しだけ暖かい海域にいる

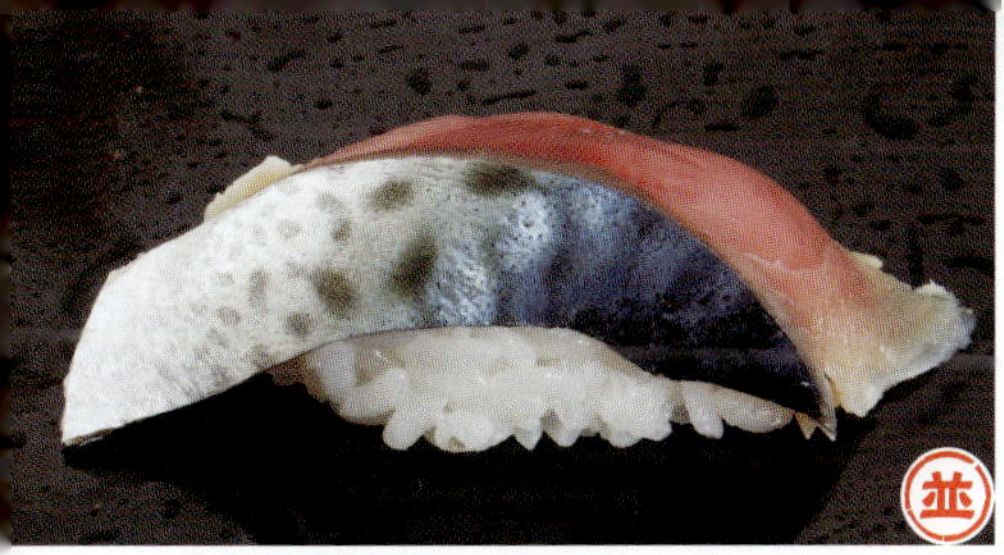

三重県の巻き網漁船が水揚げしたものを酢じめにした。初秋で脂があり、濃厚なうま味を酢と酢飯で上品にまとめ上げて、まことにやみつきになる1かんに。

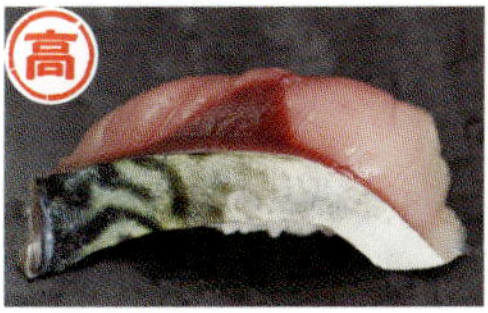

定置に入ったものを生きているうちに首を折って即死させたもの。弾力が強く、噛みしめるとシコッとした食感がある。すし飯とのなじみはイマイチとはいえ、非常にうまい。

おさかなデータ

北海道南部以南に生息【サバ科】

旬: 産卵期が長く、年間を通していいものがある

呼び名: 「丸サバ」

食データ: そばのつゆに使う鯖節は本種が原料。おいしいそばの決め手は本種にある

もともと安い魚だったが産地がうまい魚だとアピール

北海道以南の日本列島を回遊しているが、温かい海域に多い。沖合海面近くを泳いでいるので「浮きサバ」の別名も。本来は節や干物などに加工されることが多い魚だが、近年温暖化のためか漁獲量が増えており、鮮魚で見かける機会が多くなった。本種の価値を変えたのが高知県土佐清水市の「清水さば」と、鹿児島県屋久島の「首折れさば」。ともに生で食べられるもので、これに続けと各地で高鮮度化が進む。

マアジ

鯵《あじ》

昔は酢じめが定番だったが今は生

島根県浜田市の「どんちっちあじ」。脂質10パーセントの大トロ状態。口に入れた途端体温でとろけ始め、すし飯とすぐになじむ。あっという間に口の中から消えてしまう。

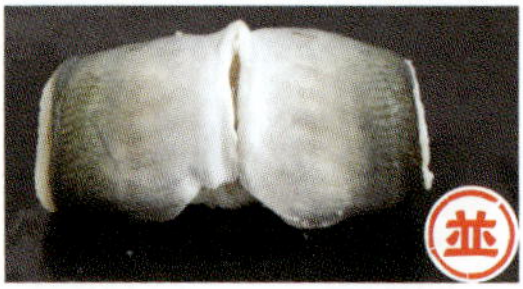

酢じめ丸づけ。小ぶりのアジを酢で締めて丸のまま握ったもの。小ぶりでも脂があり、ほろりと口の中で崩れて甘みがある。酸味がさわやかな後味を作る。

おさかなデータ

北海道南部から東シナ海に生息【アジ科】

旬: 春から夏

呼び名: 「本アジ」「平アジ」

食データ: 魚河岸のお兄さん曰く「味がいい」から「あじ」になったとか。いろんな説があるが、うま味たっぷりなので、「味がいい」説がいちばん正しそう

生で食べる習慣は意外に遅く高度成長期になって全国的に

日本列島の沿岸に普通に見られる。沖合にいる黒く細長いタイプよりも、比較的浅場にいて小ぶりで黄色く丸みを帯びたものの方が味が良く、高値で取引される。日本全国にブランドアジがあり、産地名だけで値が跳ね上がる淡路島沼島産のほか、脂質を測って出荷する島根県浜田市の「どんちっちアジ」、活け締めで出荷する大分県大分市佐賀関の「関《せき》あじ」、長崎県の「旬《とき》あじ」など年々増加中。

丸《まる》鰺《あじ》

代用品扱いされるにはもったいないうまさ

血合いが大きいのが難点だが、この部分に味がある。皮下の甘みのある脂と、血合いの微かな酸味が織りなす美味が特徴なのである。

小ぶりなものを酢じめにして皮つきで片身づけに。さっぱりとして小粋な味だ。酢飯のさわやかな味と甘みがよく合い、食べ出すとやめられなくなる。

おさかなデータ

南日本に生息【アジ科】

旬: 秋から夏。味があまり落ちない

呼び名: 「青アジ」

食データ: テレビなどで堂々とマアジと紹介されていたりする。これを魚河岸人は笑うが、プロだってときどき間違うことがある

アジはアジでも マアジとは属が異なる。 暖かい海域のアジ

比較的暖かい海域に生息。マアジとは違い、アジ科でももっとも多くの種を含んでいるムロアジ属である。鮮魚店、スーパーなどで「マアジ」として売られていることもあるが、マアジよりも値段が安く、そのうえ味がいいので偽って売る必要はない。代表的な産地もブランドもないが、巻き網で大量に獲ったものより、定置網などに入って丁寧に処理したものが上物。

貝《かい》割《わり》

アジ科なのに鯛の形。白身と青魚の味を兼ね備える

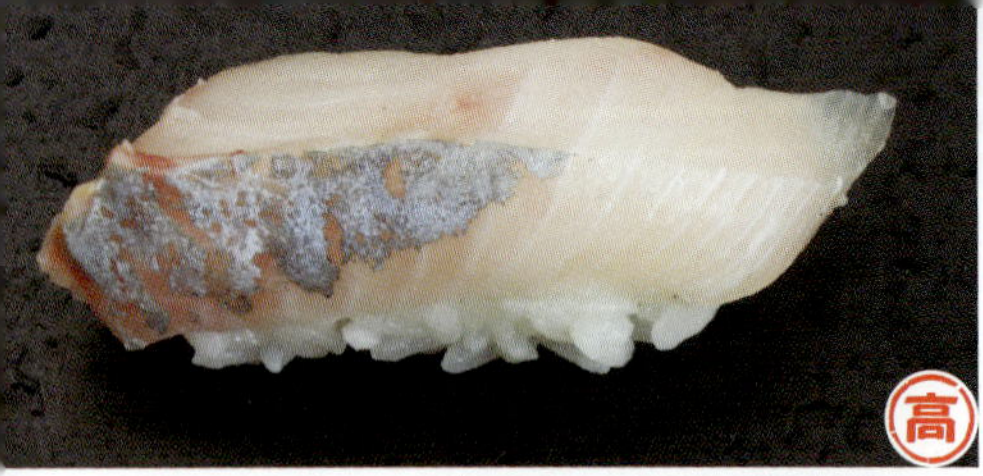

まるでシマアジのよう。違いは脂ののり具合。脂が身全体に混じり込み白く見える。口に入れるととろりと甘く、端正なうま味が追って感じられる。すし飯とほどよくなじみ、見事な握りだ。

皮つきのままあぶり、握ったもの。皮が香ばしく皮下の脂が溶け、濃厚な甘みとうま味が口に入れた途端はじけるよう。すし飯が後味のよさを演出。

おさかなデータ

南日本に生息【アジ科】

旬: 春から夏

呼び名: 「銀アジ」「メッキ（鍍金）」「ピッカリ」と、すべて光り輝く呼び名がつく

食データ: 神奈川県相模湾では「カクアジ」と呼び、名物となっている

アジの仲間では異端児 深場にいて、ほかに仲間がいない

比較的暖かい海域の深場にいる、まん丸い形の可憐な魚。その見た目の美しさ以上に、味の良さで有名。人によってはシマアジ以上に美味との評価も。主な産地は駿河湾以南で、九州などからまとまって入荷してくる。相模湾周辺では特に本種を好み、名物にもなっている。量が少ないのでほとんどが産地周辺で消費されるが、東京などでも味のいいことは知られている。

シロギス

鱚《きす》

砂浜の貴婦人と呼ばれる江戸前の上ネタ

全長20センチほどのものを片身づけにしたもの。鮮度がいいと身に透明感がある。味は上品でいながらうま味が強く、すし飯に負けない。柑橘類や塩もおすすめ。

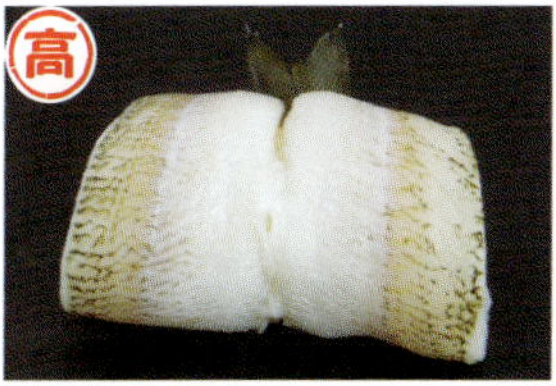

江戸時代以来伝統の酢じめにしての丸づけ。開いて尾をつけるのは古い形のひとつ。あっさりとしていて味がある。すし飯と調和がとれた、端正な握りだ。

おさかなデータ

北海道南部以南に生息【キス科】

旬: 春から夏

呼び名: 似た魚にアオギスがいて、少し味が劣る。これに対して美味なので「本ギス」、大型を「ヒジタタキ」

食データ: 江戸前ずしにも欠かせないネタだが、江戸前天ぷらでも大スター。特に初夏に食べるキスの天ぷらは絶品

江戸時代には非常に贅沢で高級料亭で出たり、贈答物になったり

日本列島の比較的浅い砂地に普通に見られる。江戸前東京湾では古くからなじみ深い小魚だが、残念なことに大量に獲れない。すしだけではなく天ぷらや高級料理店の吸い物椀に使われるため、魚河岸では常に品薄感があり、常に高価である。代表的な産地は三河湾、瀬戸内海や新潟県日本海など。国産だけでは足りないので、東南アジア、南半球から近縁種の輸入ものもある。

光りもの

タチウオ
テンジクタチ

太《た》刀《ち》魚《うお》

鱗も尾鰭《おびれ》もない、プラチナ色の変な魚

タチウオ。近年主流となっている皮目をあぶって握ったもの。あぶりたての表面の脂が液体状のうちに口に放り込むと、香ばしさ、脂の甘さ、濃厚なうま味が一気にくる。

上がタチウオ、下がテンジクタチ。

1メートルを超えるテンジクタチの皮を引き握ったもの。驚くほど脂がのっていて甘く、しかもすし飯と混ざり合って後味がまことに上品。特上の味わいだ。

おさかなデータ

タチウオ：北海道南部以南に生息【タチウオ科】／テンジクタチ：和歌山県以南。亜熱帯・熱帯に多く生息【タチウオ科】

旬: 基本的に夏だが、産卵期が長いので年中うまいのが日本各地で揚がる

呼び名: 姿形から「刀」「サーベル」など物騒な名前が多い

食データ: 体を覆うのは、鱗ではなく白銀色のグアニンという食べられる物質。むしろ銀色に輝くのを、そのまま食べた方がうまい

温暖化のためか、タチウオといえば今では二種類。大型は超高級魚

日本列島に広く分布する標準和名のタチウオと、亜熱帯・熱帯域に多いテンジクタチの二種がある。後者は、国内では沖縄などをのぞくと珍しい魚だったが、温暖化のためか入荷量が増えてきている。国内では二種を区別しない。ともに大きいほど味がいいため、大型は高値で取引されている。代表的な産地は和歌山県。皮つきで握るか、皮を引くかで味わいが違う。

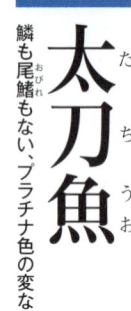

サワラ

鰆《さわら》

江戸前ずし以前、押しずしでも人気があった

透明感のあるものよりも白く濁っている方に脂がある。そのとろけるような食感に強い甘みで、マグロのトロとはまた違う良さがある。

小ぶりのサゴシは大型のサワラとは別種の味わいがある。皮目に香りがあるのだ。これをあぶって皮の味を浮き立たせてから握ったもの。

おさかなデータ

青森県以南に生息【サバ科】

旬: 冬から春

呼び名: 50cm以下を「サゴシ(サゴチ)」、50～70cmを「ヤナギ」、それ以上を「サワラ」と呼ぶ出世魚

食データ: 本種の卵巣で作られているのが、香川の唐墨（からすみ)。ボラのものとは別種の味わいがある。瀬戸内海には、本種の産卵期に海が盛り上がり島のようになる「魚島(うおじま)」というのがある。

西日本の魚が東北にも進出
近年では津軽海峡を越える

古くは西日本の瀬戸内海などに多く、東日本に少ない魚とされていた。それが徐々に生息域を北に広げ、近年では北海道でも獲れるように。アジやサバなどの魚を襲う一メートルを超える肉食魚。出世魚で名前をかえていくのは、大きいものほど味がいいため。大きいほど値段が高く、3キロをこえると高級魚。日本海での漁獲量が飛躍的に増えてきているが、食文化では西日本の方が歴史が長い。

トビウオ

飛魚《とびうお》

春夏秋冬、種類を替えながら魚河岸に並ぶ

春トビ。大型を生で握りにしたもの。ネギやショウガが出合いのもの。うま味が強く、甘さが後からくる。すし飯との相性もよい。

夏トビ。皮つきで、皮をあぶって握ったもの。皮目に独特の甘みを感じさせる香りがある。脂ののった初夏のものなので、とろっとほどよく崩れる。

秋トビの酢じめ。うま味が強く、血合いに酸味のある背の青い魚特有の味わいを、酢で緩和して後味を上品に。すし飯の甘みとあいまって絶品の光りもの。

おさかなデータ

北海道南部以南に生息【トビウオ科(季節で種が違う)】

旬: 春から秋

呼び名: 「春トビ」「夏トビ」「秋トビ」など。季節が頭につく

食データ: 伊豆諸島の「くさや」、日本海本州や九州などの「煮干し」「焼き干し」。島根県の「野焼き蒲鉾」など、様々な加工品となる

梅が咲く前にやってきて山々が色づく頃まで入荷が続く

巨大な胸鰭《むなびれ》で、種によっては海の上を最長六百メートルも飛ぶ。東京では、梅の咲く時期から初夏まで、屋久島、伊豆諸島からの春トビ(ハマトビウオ)が入荷してくる。初夏には、夏トビ(ツクシトビウオ、ホソトビウオ)が来て、九月になると秋トビ(トビウオ)が入荷する。全種スーパーなどではおなじみだが、呼び名はすべて「トビウオ」なのでまぎらわしい。

ハタハタ

鰰《はたはた》

鍋物や干物だけじゃもったいない「生」の味わい

皮下の銀皮が非常に美しく、その姿通りに上品で淡泊な味わい。ほどよい甘みがあり、いくつでも食べられるやみつきになる味。

皮は少し硬いが、じっくり噛みしめると濃厚なうまさと独特の風味が感じられる。

おさかなデータ

山陰以北の日本海、北海道に生息【ハタハタ科】

旬: 秋から春

呼び名: 鳥取県では「シラハタ」といい、秋田で獲れるハタハタとは別の魚だ、といわれることが多い

食データ: 秋田では、焼いて食べるとブリブリ音がする、「ブリ子」と呼ばれる卵巣が喜ばれる

秋田県が有名だが日本海、北海道など産地は少なくない

比較的寒冷な水域の深い砂地などにいて、産卵期になると浅場に移動する。古くからの産地・秋田県では、この産卵回遊してきたのを獲り、白子やブリ子と呼ばれる卵で膨らんだものを鍋や焼き物に使った。漢字で「鱩」とも書くのは海が荒れて雷が鳴る、そんなときに大漁となるからだ。最近では産卵期以外にも、沖合での漁が盛んに。未成熟ではあるが、脂がのって身が美味。

春《か》日《す》子《ご》

江戸時代以来の伝統的すしダネ

マダイ

マダイの春日子はやや色合いがくすんでいるが、身が締まってうま味が強い。味の点では随一とする職人も多い。

おさかなデータ

マダイ→94ページ
チダイ→95ページ
キダイ→96ページ

旬： マダイは秋から冬、チダイ・キダイは1年を通して

江戸湾の浅場で群れを作っていた江戸前の代表的なすしダネ

タイ科の魚。親は沖合にいるが、子供は比較的浅場で群れを作っている。江戸時代に東京湾で盛んだった、風力による底網「打瀬網」でたくさん獲れたので、安くて屋台店などの庶民的なすしに重宝したわけだ。もちろん立派なタイなども揚がっただろうが、見事なのは将軍家にお買い上げとなり、また日本橋にあった魚河岸でも高く売られたはず。

安い上にあきのこない味なので、江戸時代後期に爆発的に増えた「握りずし」には江戸前の小魚を使うのが基本だった。今でも春日子のことを「光りもの三尊」などともいう。

チダイ

チダイは桜の花びらを思わせる色合いから、今では春日子の定番的なものかも。すし職人はこの色が飛ばないように細心の注意を払う。ほどよい柔らかさですし飯とよくなじみ、軽い味わいなので、ついつい手が伸びる。

キダイ

関東では珍しい。主に西日本のすし店で使われている。赤に黄金色が浮き上がり、まことに美しい。酢じめにしても、上品で後味がよいので、食べ飽きない。

日本の三鯛の子、三者三様の味がする

マダイ、チダイ、キダイを「国内三鯛」としたい。輸入物や熱帯域などで獲れるもの、黒いタイなどもあるが、基本的にこの三種が一般的。東京の春日子の基本はチダイで、魚河岸で見かける機会が一番多い。

穴《あな》子《ご》

関東では煮る、関西では焼くのが定番

頭の方を上身、尾の方を下身という。上身は皮を上に、下身は身を上に握るのが正しいとされている。一般に下身の方が味がよく、すし店などでは最後まで残るのは上身。舌で崩れるほど柔らかく煮て、握る直前に軽くあぶってある。煮穴子はわさびをつけない。

大阪の魚河岸で焼き上げた焼き穴子を握ったもの。西日本ではすしだけではなく、数々の料理に焼き穴子が活躍する。皮目はねっとりとして香ばしく、強い味。すし飯の酸味との相性がいい。わさびが合う。

おさかなデータ

日本各地。東シナ海、朝鮮半島に生息【アナゴ科】

旬: 夏

呼び名: 「ハカリメ」「ハム」

食データ: 都会などに近い内湾に多いので古くからなじみ深い魚。東日本では煮る、西日本では焼き穴子が有名。江戸前では天ぷらの代表的なタネでもある

北海道から九州までの内湾には普通に見られるもの

都市がある内湾にも見られる。夜行性で、昼間は穴などにもぐりこんでいるので「穴子」と呼ばれている。数種類いる食用アナゴのなかでも本種の漁獲量がもっとも多い。古くから江戸前東京湾羽田沖などが有名で、最上級とされているほか、常磐、三河湾、広島をはじめ瀬戸内海、山陰島根県などたくさんの産地がある。また韓国産も良質とされ、国産以上の高値で取引されることも。

ゴテンアナゴ

御《ご》殿《てん》穴《あな》子《ご》

脂ののりはイマイチながら、味はピカイチ

舌でくずれるほど柔らかく煮て、わさびをつけて握ったもの。マアナゴよりも軽い味わいながら、トロッと甘みが強く、すし飯と合わさって一体感がある。

目の後ろ側上部と後部下方にアイシャドウを入れたような短い筋が見える

焼き穴子の下身。脂の甘さよりも身自体のうま味と焼いた香ばしさが勝る味わい。すし飯とのなじみも抜群にいい。

おさかなデータ

日本各地の浅い砂地に生息【アナゴ科】

旬: 春から夏

呼び名: 兵庫県明石で「シロアナゴ」。「ギンアナゴ」「メバチ」とも

食データ: 比較的まとまって水揚げされるマアナゴと違い、ローカルな存在。天ぷらや、すしダネとして味はいいけど、マアナゴと比べられると残念

長もの

マアナゴとはまったく違う 比較的きれいな砂地に生息

日本各地の浅い砂地に生息している。底引き網などで漁獲されるが、マアナゴと比べ量が少ない。兵庫県明石などではシロアナゴと呼ばれ、残念ながら格段に安い。「御殿穴子」という不思議な名前は、目の後ろにアイシャドウをつけたような薄墨色の部分があるため。「まるで厚化粧をした御殿に仕える上臈《じょうろう》のようだ」と標準和名がついた。開いた身はまるで白身のよう、味わいは淡泊で上品。

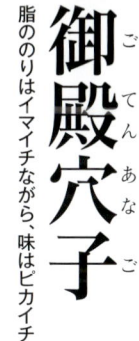

イラコアナゴ

伊《い》良《ら》子《こ》穴《あな》子《ご》

「穴子」という名前で出ている深海魚

加工品の蒲焼きをあぶってから握ったもの。少々ねっとりしているが、柔らかくてアナゴに近い食感があり、なかなか味のいい握りに。

口裂(口の長さ)の中央上に目がある。

アナゴと同じようにしょうゆ、酒、砂糖で煮上げたもの。意外に淡泊な身質で味に深みがない。

おさかなデータ

北海道以南から東シナ海に生息【ホラアナゴ科】

旬: すべて加工品なので、特にない

呼び名: 宮城県石巻で「沖ハモ」

食データ: スーパーなどでは国産のマアナゴよりも主流。圧倒的に安くて、味もそれほど悪くない

「穴子」と漢字で表記する それが問題なのである

北海道以南の水深三千メートル以上の海底に生息する深海魚。アナゴの仲間ではなく、ホラアナゴ科の魚。鱗は棒状でくっきり見え、ヌメリがない。深海で行われる底引き網で大量に揚がるので、宮城県などでは、港に本種の小山ができるほど。古くはツボダイ(クサカリツボダイ)などを獲るとき混ざる厄介もので、未利用だったが、近年では蒲焼きなどの惣菜に加工されている。産地は宮城県や北海道。

マルアナゴ

丸穴子《まるあなご》

なんと、地球の裏側からやってくる

煮穴子にしたもの。アナゴのように味にこくがない。脂が少なく、やや物足りないと感じる人も多いはず。でも淡泊でクセのない味わいなのだから、すしダネとしてなかなか上物ともいえそう。

写真：阿部宗明著『新顔の魚』（復刻版）まんぼう社

おさかなデータ

南米西岸に生息【ウミヘビ科】

旬: 輸入ものなので、特になし

呼び名: 単に「アナゴ」

食データ: 分類学的にウミヘビ科となっているが、ペルーでもおいしい魚なので食用とされ、とても人気がある

ウミヘビ科といってもハ虫類ではなくれっきとした魚

南北アメリカ大陸西岸に生息。魚なのにウミヘビ科というと驚くかもしれないが、大きな区分ではウナギやアナゴの仲間。この科の基本となった魚が相模湾で「ウミヘビ」と呼ばれていたため、このまぎらわしい科名になった。産地はペルー。現地では美味な魚として食用になっている。魚類のウミヘビ科の魚は世界中に二五〇種前後いるが、ほとんど食用とされていないので、本種は希《まれ》な存在。

ニホンウナギ

鰻《うなぎ》

東京深川で養殖が始まり百三十年ほど

蒲焼きを握る直前にあぶり、温かいうちに食べるのが最高の流儀。食べる前の香りを楽しみ、甘辛のタレに、とろりとした食感、すし飯とのなじみの良さ。うっとりとする１かんである。

寒い時期は国産よりも上という台湾産を白焼きに。握る直前に軽くあぶり、振り塩をしてわさびで。蒲焼きよりもあっさりとウナギ本来の味が楽しめ、やや重たい味わいにわさびが合う。

おさかなデータ

北海道以南の日本各地に生息【ウナギ科】

旬： 天然は秋から初冬、養殖は初夏

呼び名： 稚魚を「シラス」、ウナギの形になったばかりを「黒目」、超大型を「大ウナギ」

食データ： 西日本は腹開き頭つきで長いまま焼き、蒸しの行程なし、東日本は背開きで頭を取り何等分かにして焼いて蒸して焼く。西日本の焼いた頭を「半助」といい豆腐と小鍋仕立てがうまい

江戸前という言葉は本来ウナギに使われたもの

産卵はグアム周辺の深海。ヤナギの葉形の稚魚が暖流に乗り、北上し川で成長。明治から養殖が行われ、今では天然ものはほぼ皆無である。シラスを秋から春に獲り、数カ月後の土用丑の日に向け育てる。代表的な産地は鹿児島県、愛知県、そして台湾。天然ものの旬は秋から冬なので夏は開店休業状態。この窮状に平賀源内が「土用丑の日に鰻を食べると夏バテしない」とコピーを考え、今に続く。

ハモ

鱧《はも》

古都京都、祇園祭には二万本が食される

あぶりは骨切りしたものの表面をあぶり、握ったもの。ぷんと立ち上る甘い香りと、口溶け感がたまらない。わさび醤油でも、スダチに塩でもうまい。

骨切りして湯をくぐらせたものを京都で「落とし」、大阪で「ちり」。薬味は梅肉酢。はんなりして、上品な味。

おさかなデータ

福島県以南、東シナ海に生息【ハモ科】

旬: 夏

呼び名: 「本ハモ」「海ウナギ」

食データ: 鱧といえば蒲鉾。大阪では「はも板」、兵庫では「焼き通し」という。ビックリするほど高いが、それだけにうまい。そのときに出るのが鱧の皮。これとザクザクきゅうりで作る酢の物は夏の味だ

内陸、京都で産まれた鱧料理、骨切りして初めて食べられる

暖かい海域の浅い海域に生息。ウナギの仲間で非常に歯が鋭くどう猛。ノミの夫婦で雌が大きく、主に食用とされるのも雌。生命力が強いため、海から遠い京都に送られても生きている。生の魚に乏しい地域では貴重な存在。ただし凶暴で歯が鋭く、全身骨だらけ。そこで考え出されたのが骨切りの技。一寸に二十四ほどの包丁目を入れて初めて食べられる。以来、高級魚に。

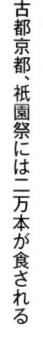

ヒラメ

鮃《ひらめ》

特上の白身といえば間違いなく本種のこと

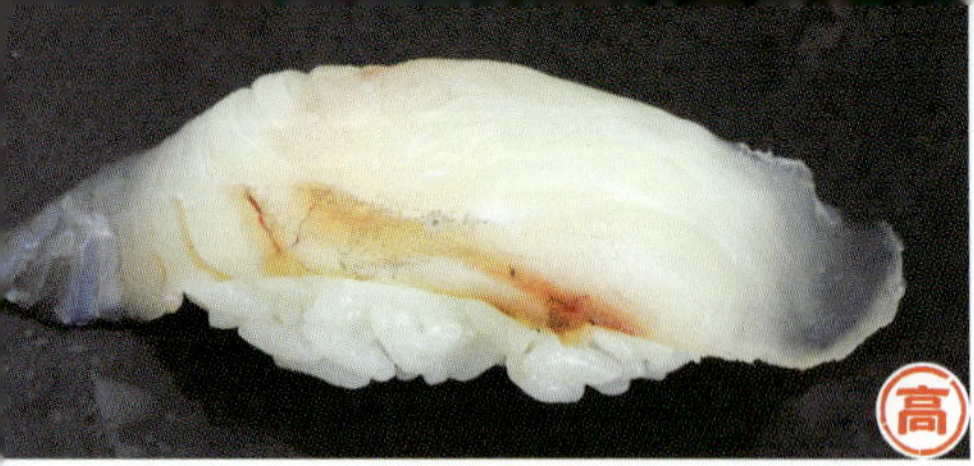

青森産天然ものの背の部分。やや厚めに切りつけて、その白身ならではの、うま味中心の味わいを堪能できる握りにしている。

「えんがわ」はコリッとして、中からしみ出してくる脂が甘く、じわりと口中にうま味が広がって、しかも後口がいい。

おさかなデータ

北海道以南から南シナ海に生息【ヒラメ科】

旬：	秋から冬
呼び名：	古くは、ヒラメとカレイは区別しないで、すべてカレイだった。ヒラメという呼び名は特殊で「オオグチガレイ」や「オガレイ」と呼ばれていた
食データ：	長1メートル前後にもなる大型魚。大きければ大きいほど味がいいとされる

江戸前ずしでは並にも上にも入らない特上ネタの主役

一メートルを超える大型魚で、魚類屈指の高級魚。出世魚のひとつで、いろいろ変化があるが関東では、一キロ前後までを「ソゲ」、約二キロクラスまでを「大ソゲ」、それ以上を「ヒラメ」という。上から見て丸みを帯び、横から見て厚みのあるものが上物とされる。また原則的に活魚を尊び、朝方まで生きていたものを締めて握るのをよしとする。すしダネで味がいいのは大型。

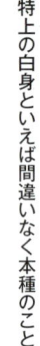

タマガンゾウビラメ

玉《たま》贋《がん》造《ぞう》平《ひら》目《め》

産地でも知る人ぞ知る上種

ていねいに5枚に下ろして皮を引くときれいな銀皮が出る。これをつけると見た目にも美しく、強いうま味が感じられてすし飯と馴染んでも存在感がある。

おさかなデータ

北海道南部〜九州南岸、東シナ海、台湾、中国沿岸【ヒラメ科】

旬: 秋〜夏と各地で少しずつ異なる

呼び名: ふなべた、でべら、ひがれい

食データ: 瀬戸内海周辺で作られる干もの「でべら」の原料として重要。基本的に干ものにするが、産地では多彩な料理になっている

白身

一度でも生で食べると夢中になるほどの美味

小型のヒラメで底曳き網などでまとまってとれて鮮魚ではなく、ほとんどが干ものなどになる。本種の干ものは広島県などで作られて高級品である。新潟県では刺身にして最上級だとされ、すしダネとしても人気がある。これが近年徐々に知られつつある。握りにして非常に美しく、強いうま味と甘味が感じられ、しかも後味がいい。この上種を新潟県など一部だけのものとするのは非常にもったいない。

鰈《かれい》

すしダネで、単に「カレイ」というと本種のこと

白身の味を表現するのは非常に難しい。とろっとした甘みがあるわけでもなく、淡泊で上品。うま味、甘みは一度に感じられずジワジワ押し寄せてくる。すし飯の酸味と一体となってあっさりして、食べた後から、また食べたくなる。

「えんがわ」は、こくのあるうま味と強い甘みが薄い皮に包まれている。食感のよさ、1尾で4かんしかとれないスペシャルな握りで、常連にならないと食べられない店も。

おさかなデータ

九州大分県から北海道に生息【カレイ科】

旬:	初夏から秋
呼び名:	ヒラメが大口ならこっちは「口細(クチボソ)」
食データ:	煮たり焼いたりするということでは、旬は二回。身自体がうまい夏と、真子(卵)を楽しむ冬

江戸前東京湾も産地。獲り方と、入荷状態で値段が大幅に変わる

北海道から九州の内湾の浅場に多い、もっとも代表的なカレイ。底引き網で大量に獲ったものは安くて庶民的。小型船の刺し網などで獲れた一キロ以上の活魚が一番高い。代表的な産地は北海道や東北。関東で珍重されるのが常磐から福島にかけてのものと、江戸前東京湾のもの。西日本では瀬戸内海から九州北部が有名。なかでも大分県日出《ひじ》町の「城下《しろした》かれい」が最上級とされている。

イシガレイ

石《いし》鰈《がれい》

すし職人は「死んでしまったらタダでも買わない」

締めて半日後の握りは、まるで白雪のよう。味わいも見た目通りの端正さで、甘みもうま味も淡いが、強い食感を感じながらつまむと、その総合的なうまさに感動するはず。

活けものの「えんがわ」は身がぷっくりふくらみ、中から強い甘みとうま味がじわりとしみ出してくる。

おさかなデータ

日本各地に生息【カレイ科】

旬: 夏

呼び名: 「イシモチガレイ」

食データ: 体の表面に本当に石がある。鱗の変形したものだが、この周辺に臭みがあるとも。これが石のように硬いので料理する前に取る

なぜか江戸前限定の高級魚 しかも死んだら 見向きもされない

北海道から九州、東シナ海などの浅い砂地にいる大型のカレイ。刺し網や底引き網でまとまって獲れ、産地などでは安いカレイの代名詞に。ところが江戸時代以来、東京では高級魚の代表的なもの。これは夏の白身が貴重であるため。すしダネや刺身になるのは原則的に活魚。カレイ類は死ぬとうま味成分が急速に減少するため、野締め、活け締めすらもあまり評価されない。

マツカワガレイ

松《まつ》皮《かわ》鰈《がれい》

幻の北のカレイ。味がいいので放流も

表の背側の部分。ほんの少し赤みがかり、口に入れると味が濃く、すし飯と混ざり、口中から消えてからも後味が残る。

鰭《ひれ》の模様は帯状の縞。

「えんがわ」はシコシコ心地よい食感で、うま味がジワリジワリとしみ出してくる。さっぱりしたすし飯と合わさって、見事に味の調和をみる。

おさかなデータ

若狭湾、茨城県以北に生息【カレイ科】

旬： 秋から冬

呼び名： リズム感のいい「タンタカ」の由来・意味は不明

食データ： 北国では、ヒラメよりも評価は上。量が少なく、天然ものは幻の魚

北国でもっとも高価でもっとも美味？完全な天然ものは幻の味

比較的北国で獲れる大型のカレイ。標準和名の由来は、松の幹を思わせるような、ざらついた鱗のため。本種よりやや南にいるホシガレイと同属。神奈川県横浜近辺でいうマツカワガレイはホシガレイのこと。東北・北海道の高級ガレイとして古くから有名であったが年々減少、一時は幻のカレイとも。今では稚魚の生産放流や、養殖が減少傾向を食い止めている。

星《ほし》鰈《がれい》

江戸っ子が惚れ込んだ、江戸前の魚

カレイ類の中では比較的強い味わい。数滴スダチを落として、塩かしょうゆは好みで。塩で食べると本来の味わいが生きて新鮮。

鰭の模様は丸い斑紋。

「えんがわ」はカレイ類でも最上級の味わい。強い食感にうま味が徐々にしみ出してきて、絶妙の味わいになる。

おさかなデータ

北海道南部以南に生息【カレイ科】

旬: 春から秋

呼び名: 「モチガレイ」「ウグイス」

食データ: 江戸時代より食通が語り継ぐ、江戸前を代表する魚。今、江戸前ものは超貴重

マツカワガレイよりも南にいるが生息域は重なる

マツカワガレイとそっくりで、違いは本種の鰭や身体にある斑紋が丸いこと(マツカワガレイは帯状)。斑紋を取ってしまうと、両種の区別は不可能であろう。長崎県や福岡県でも高級ガレイとして知られているが、漁獲量は年々減少、日本各地で種苗生産、稚魚の放流が行われている。三陸、九州北部など本種を珍重する地域は少なくないが、特に東京都で人気が高い。白身としての味わいは最上級。

メイタガレイ
ナガレメイタ

目《め》板《いた》鰈《がれい》

関東では人気がなく、関西以西で大人気

メイタガレイ
しょうゆでもいいが、その独特の風味や個性的なうま味を損なわずに食べたいので柑橘類と塩で。すし飯と混ざっても存在感のある味で、白身の中では強い味。

ナガレメイタ
見た目はメイタガレイと変わらないので、期待して口に入れると、裏切られる。上品なだけで味がなく、すし飯に負けてしまう。

メイタガレイ
模様が不定形。

ナガレメイタ
丸い文様が散らばる。

おさかなデータ

メイタガレイ：北海道南部以南から東シナ海に生息【カレイ科】
ナガレメイタ：宮城県・北陸以南の本州、四国、九州北部に生息【カレイ科】
旬: 春から夏
呼び名: 目の部分が盛り上がっているので「メダカガレイ」、甘みが強いので「アマテ」
食データ: 岡山での夕食で唐揚げ、お刺身、塩焼きが全部本種だったことが。西日本、瀬戸内海を代表する魚のひとつ

生息域は広いが東日本での評価が低く、西日本で高い

北海道以南、西日本の浅場に多い。目の間に板状の骨があるので「目板鰈」という。長い間、味のいいものと落ちるものの二型があるとされていたが、近年後者は別種（ナガレメイタ）であると判明。本種が美味であることが証明された。東京には三陸や関東近海などから入荷されるが、扱いが悪く安い。対して瀬戸内海など西日本では丁寧な扱いに。今でも上物は明石など西から入荷してくる。

大《お》鮃《ひょう》

畳よりも大きくなる北の巨大魚

古い職人は「これはおぼろのもとだ」などといってけなすが、上品な甘みがあって捨てがたい。じっくり味わいたい握りだ。

おさかなデータ

東北地方以北に生息【カレイ科】

旬: 夏

呼び名: 「オガレイ」「マスガレイ」

食データ: 昔、カレイのくせに「鮃」はおかしいだろ、などと非難されたことも。アメリカではヒラメよりも評価が上

食通な作家が認めた味 上品で淡泊、何かんでも食べられるうまさ

産地が北海道など北国なので産地以外ではなかなかお目にかかれない、体長三メートルになる世界一大きなカレイの仲間。鮮度がよければ驚くほど味がよく、グルメであった作家、開高健も太鼓判の美しさ。古くから冷凍で出回り「おぼろ(でんぶとも)」の原料に。今では生が主流で、そのまますしダネになる。透明感のある美しい白身であっさり、上品な味で受けている。

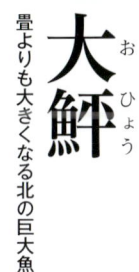

サメガレイ

鮫《さめ》鰈《がれい》

見た目はボロ雑巾のよう

白身なのに口の中に入れるとトロッととろけて甘い。まるで食感は大トロ。それでいてちゃんとカレイに味がする。

「えんがわ」ならではの強い食感。たっぷりのった脂の甘み、そしてうま味。白身なのにトロを思わせる味わい。すし飯との相性もいい。

おさかなデータ

日本各地に生息【カレイ科】

旬: 初夏から秋

呼び名: 三陸では「ホンダガレイ」、新潟県では由来不明の「トンピホチ」

食データ: 東北などで加工されるフィレは、煮つけにしてもよし、フライやムニエルにしても絶品

沖縄を除く日本全国にいるが北に行くほど多く大型になる

日本各地に生息するが北日本に多い。大量の粘液を出す、ザラザラの鮫肌。漁港で見つけたドロドロの液体が入ったコンテナ、覗きこんだら本種だった。また、小学生が風船につけ飛ばした手紙が十五年後、本種の粘液に張り付き、水揚げされたことも。この皮の真下にある真っ白な身は、脂が均質に混ざり白濁して見える。平凡なものでも中トロ的な脂の甘さが感じられる。

烏《からす》鰈《がれい》

古くは銀ガレイとして握りにも

南限の駿河湾で揚がったばかりのものを握りに。ほどよい食感があり、脂がのってマグロの中トロのような食感で甘い。これぞ白身の中トロ。絶品だ！ 近海活けじめは高級。

今では、本種の「えんがわ」は大人気。たっぷり含まれる脂は良質で、意外に後味がよい。

おさかなデータ

駿河湾、日本海以北に生息。オホーツク海・ベーリング海などに多い【カレイ科】

旬： ほとんどが冷凍なので特にない

呼び名： すしダネとしては「銀カレイ」「冬ガレイ」

食データ： 冷凍フィレは大量に流通、スーパーなどで売られている。縁側はフィレを作るときの副産物だった

古くは脂っぽい魚と敬遠されていた

主な産地は北海道以北オホーツク海やベーリング海、北アメリカ大陸沿岸までの浅場から深海まで広く分布。東北などに多いアブラガレイにそっくりだが、やや細身で、和名の通りカラスのように黒い。国産は少なく主にカナダやアラスカ、グリーンランドなどから輸入されている。かつては北洋で大量に獲れ、缶詰や加工品となっていた。皮の下は全身脂といった状態で、熱を通すと溶け出してくる。

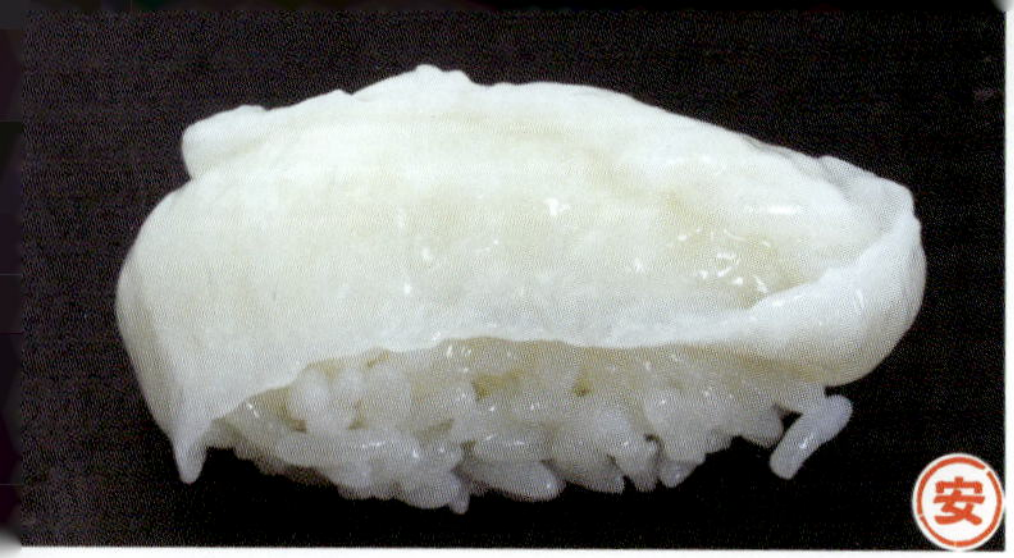

冷凍ものの「えんがわ」。ぷりっとした心地よい食感で、筋肉の束から、じわりと甘い脂がしみ出してくる。うま味が濃厚で、インパクトの強い1かん。

アブラガレイ

油《あぶら》鰈《がれい》

全身脂身の魚、昔は魚油の原料にもなっていた

おさかなデータ

東北以北に生息【カレイ科】

旬: 初夏から秋

呼び名: 「フユガレイ」

食データ: 身離れがよく小骨がない。きれいな白身なのでフィレはとても人気がある。カレイのフライなどになって大活躍

えんがわでは二番手だが違いはプロにしかわからない

北洋漁業が盛んなときには、カラスガレイとともに膨大な量が獲れ、食べるだけでなく魚油などを作る原料にもなっていたので、この和名がある。今でも大量に冷凍輸入され、国産ものも少なくない。初期のすしダネ「えんがわ」の主であるカラスガレイが激減し高騰。その代用品として登場したのが本種で、今や「えんがわ」の主流に。回転ずしなどでは脂がのっておいしいので大活躍だ。

ヒラメとカレイの見分け方

ヒラメは黒い部分を上にして頭を手前に向けたときに、向かって左に目が寄っている

カレイは黒い部分を上にして頭を手前に向けたときに、向かって右に目が寄っている

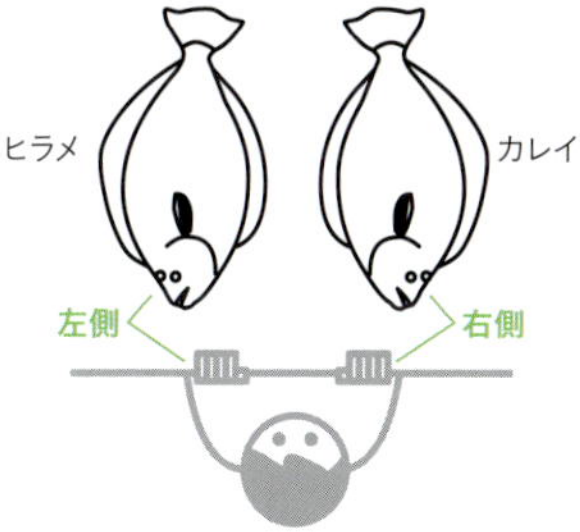

「えんがわ」って何？

魚の鰭《ひれ》を動かす筋肉を鰭筋という。すべての鰭にあるもので、特に鰭をよく動かす魚に発達している。

カレイやヒラメの「えんがわ」が有名なのは背鰭と尻鰭が非常に長く、それを動かす鰭筋も長い。しかも、これが推進力の役割を果たすためよく発達している。カレイ類にはすべて長い「えんがわ」があり、表裏(正しくは左右)2対4枚の「えんがわ」がとれる。

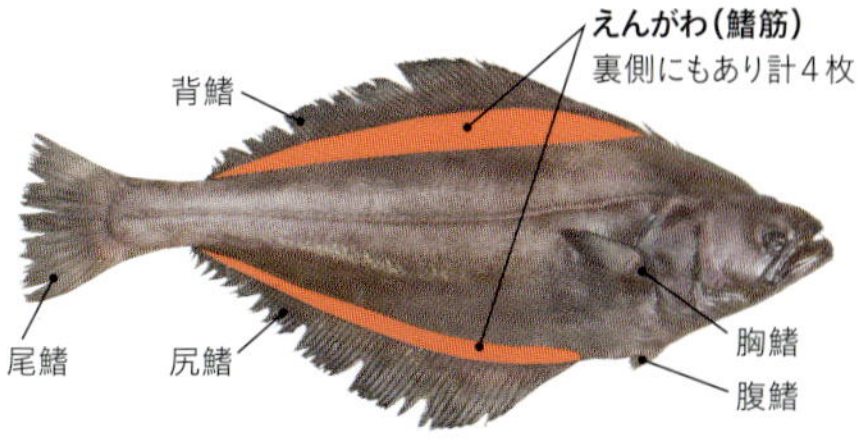

白身

鰤《ぶり》

冬の魚とされるが、季節ごとの味がある

しょうゆがつかないくらいに脂がのったもの。今回はわさびを使ったが、大根おろしにポン酢で、という人も多い。脂の強い甘みの底にしっかりブリの味も感じられる。

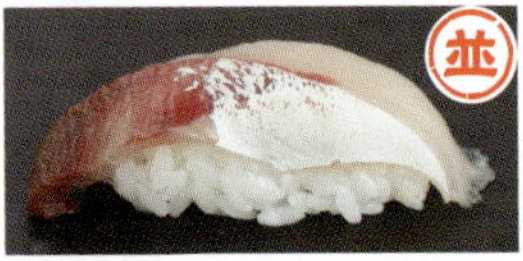

真夏に相模湾小田原にあがった「いなだ」。ほどよい酸味があり、しっかりとしたうま味があるのに後味がいい。

おさかなデータ

沖縄をのぞく日本各地に生息【アジ科】

旬: 秋から冬

呼び名: 出世魚。関東では「ワカシ」→「イナダ」→「ワラサ」→「ブリ」

食データ: 寒い時期、旬の大根と合わせた「ぶり大根」が裏メニューというすし店では、骨まで柔らかくてうまいのを出す。すしダネを骨まで食べ尽くす合理的な考え

年間を通して脂がのっている養殖もので味を覚えないこと。天然物で季節を感じよう

春先に南で生まれ、流藻に隠れて北上。晩春には二十センチ前後、関東の「わかし」クラスになり、夏に「いなだ」、翌年には「わらさ」、そして数年で十キロ前後の「ぶり」に育つ。すしダネに使うのは「いなだ」クラスから。関西では「はまち」といい、脂ののりはイマイチだが、このサイズからぐんとうま味が増す上、値段も手頃。気温の下がる秋から冬のブリは別格で、値段以上の美味。

ヒラマサ

平《ひら》政《まさ》

ブリとそっくりだけど、真逆の夏から秋が旬

口に入れると回遊魚ならではの、ほどよい酸味があり、夏らしいさわやかさが感じられる。うま味も十二分にあり、脂はほどほど。1かんでは物足りず、追加したくなる……そんな味だ。

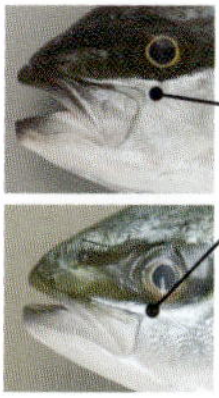

ブリとヒラマサの見分け方

主上顎骨後縁上部：
上部の角が丸みを帯びているのがヒラマサ。
上部が角張っているのがブリ。

おさかなデータ

北海道南部以南に生息【アジ科】

旬： 夏から秋

呼び名： 「ヒラソ」「ヒラス」

食データ： 釣り人の勲章といった存在。山陰、東シナ海、房総半島、伊豆諸島の釣り宿の名物は大ぶりに切った刺身。ブリと違ってたくさん食べても飽きない

ブリよりも暖かい海が好きで夏から旬となるスマートな魚

北海道オホーツク海で大量に揚がるブリに対し、北海道南部以南の暖かい海域にいて、多くは獲れないブリそっくりな魚。寒い時期が旬のブリに対し、本種の旬は暖かい時期に迎える。釣り人あこがれの魚だ。魚河岸ではもっぱら「まさ」。ブリの味が落ちる夏に本種を仕入れるプロはなんとなく格好いい。有名な産地は山陰、三陸。白身が主流の夏に、味のある本種はすしダネに変化をつけてくれる。

カンパチ

間八《かんぱち》

脂がのっているのに品がある

養殖ものなので全体に脂がまわって白っぽく見える。口に入れた途端うまいな、と感じさせ、心地よい食感が楽しめる。わかりやすくて万人向きの味。

体長20センチほどの走りの「しおっこ」。小さいのにほどよい脂ののりとうま味。秋の予感を舌に想い、思わずほっぺが落ちてしまう。

おさかなデータ

南日本に生息【アジ科】

旬: 秋から冬

呼び名: 小さいものは赤く、大きくなるほど赤身が褐色になるので「アカ」「アカヒラ」

食データ: 島根県では、切り身にしてすき焼きに。これが、また超弩級のうまさなのだ

ブリ属ではもっとも大型に熱帯にもいる高級魚

暖かい海に小魚を狙って回遊する肉食の、二メートルを超える大型魚。大きくなるに従い名前が変わる出世魚で、高知県では幼魚を「赤」、少し成長して「しお」、中型魚は「ねいり」、大型魚は「がた」。関東では秋に外房などで揚がる小型の「しおっこ」を珍重する。また伊豆諸島、和歌山、四国、九州などが天然ものの産地。初夏から夏には手のひらサイズが獲れ、秋には中型、大型が入荷する。

シマアジ

島《しま》鯵《あじ》

天然ものは超レア。養殖ものも高級だ

天然ものには身にほのかな香りがある。食感が心地よく、アジ類ならではのうま味が豊かだ。1かんの中で味や香りがこれほどバランスよく包み込まれている握りはほかにない。

養殖魚の中ではもっとも軽い味。ほどよい酸味に魚らしい味。満足感を十二分に得られるはず。

おさかなデータ

東北以南に生息【アジ科】

旬: 春から秋

呼び名: 伊豆諸島でたくさん獲れたので「島鯵」。当地では特大を「オオカミ」という

食データ: 魚河岸で「シマアジの塩焼き」と言う老人がいた。その意味は塩焼きは平凡、すなわち「もったいないことをする」という意味だ

魚河岸では年間を通して安くはならない超高級魚

関東以南の暖かい海域に多い超高級魚。「縞鯵」と書くことも多いが、これは複数のアジ類の幼魚を指す漢字で、本種にはふさわしくない。正しくは伊豆諸島でたくさん獲れたので「島鯵」だ。釣りの世界でもあこがれの的。本種の超大型魚を「オオカミ」といい、大物釣り師の金字塔ともなっている。大きすぎるものよりも、小型が人気。体長六十センチ前後までをすし職人は好む。養殖も盛ん。

マダイ

鯛《たい》

花は桜、魚は鯛というけれど、意外に脇役

明石産1キロ弱の活け締め。皮目に湯をかけて皮霜《かわしも》にしたもの。定番的なすしダネで、身から淡い甘みと、天然ならではの風味が感じられ、後から脂のコクのある味がくる。1かんの握りに多彩な味が同居している。

養殖場から生きたまま出荷。魚河岸に並ぶ直前に締めたもの。脂の甘さに濃厚なうま味、シコシコした強い食感。どれをとっても上々だが、タイ本来のうまさがコレだと思って欲しくない。

おさかなデータ

北海道南部以南から東シナ海に生息【タイ科】

旬: 秋から春

呼び名: 春、桜の時期を「桜鯛」、味が落ちる初夏から夏のものを「麦わら鯛」

食データ: 大きさは中ほどがよい。目の下一尺、すなわち1～2キロのものが味がいいと古くからいわれているが、3キロ級くらいまでがうまい

※幼魚である「春日子(かすご)のすし」はP70へ

南北に長い日本列島では周年うまいタイが獲れる

北海道から南シナ海まで生息域が広い。古代から「鯛《たい》は大位《たいい》、鯉《こい》は小位《こい》」という言葉のとおり、コイより優る位置にあるとされ、婚礼などの祝い事や、正月に欠かせない。産卵後の夏以外は味がいい。徳島県鳴門産や兵庫県明石産は、いにしえより地名を冠するほどの名物。漁後の扱いで味が大きく変わる。最上は釣りものと瀬戸内のごち網もの。一定期間生け簀に泳がせ締めたものが、すしダネとしても頂点。

チダイ

血《ち》鯛《だい》

小さくて可憐な姿から姫を思わせる

養殖マダイになれた舌には、物足りなくなるくらいに味は淡い。むしろ皮から鼻腔に抜ける風味が先に感じられ、甘みやうま味は後からくる。後味がまことに上品。

おさかなデータ

北海道南部以南に生息【タイ科】

旬: 春から秋

呼び名: 関東周辺で「ハナダイ」。マダイに比べ小さいので「コダイ」

食データ: 古くは婚礼などに出る鯛の塩焼きになった。少々水っぽいのをこんがりと焼き、冷めてもうまいので、折り詰めに入っていた

※幼魚である「春日子のすし」はP70へ

白身

マダイの味が落ちる夏にも上々の味わい

北海道から九州までマダイと生息域が重なる。マダイよりも小型で、浅い海域にいる。小さいときは背鰭《せびれ》が伸びて美しいが、大型になると雄はおでこが張り出し厳つくなる。産卵期が夏から秋にかけてとマダイよりも遅い。関東では釣り物としても人気が高く、本種を狙う乗合船まである。高級魚ではあるが、少々水っぽく、うま味が薄いということで、マダイよりも安い。刺身以外には焼き物になることが多い。

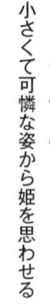

キダイ

連《れん》子《こ》鯛《だい》

すしダネとしては西日本で使われることが多い

皮をつけたまま表面をあぶって握る。やや水っぽくて淡泊なのを、皮目の風味と甘みがおぎなってあまりある。本種の握りはすし職人の創意と工夫が光る。

額のとびだした「でこ」の握り。脂ののった時期には甘みがあり、しかもイヤミがなく、後味がいい。2、3かん続けて食べたくなる握りだ。

おさかなデータ

本州中部以南、東シナ海、台湾に生息【タイ科】

旬: 春と秋だが、年間を通して味がいい

呼び名: 「シバ」「シバダイ」と呼ばれるが、古く「しば」は小さいという意味

食データ: 魚のうまさは、すり身にするとよくわかる。島根県ではいろいろな魚で蒲鉾を作っているが、ナンバーワンはキダイ
※幼魚である「春日子(かすご)のすし」はP70へ

底引き網などでまとまって獲れ、タイ科の中では比較的庶民的

マダイよりも水深の深い海域で、より南に生息し、山陰をはじめ西日本に多い魚。マダイやチダイとはやや系統を異にしていて、もっとも小型。産卵期は春と秋の二回。当然、旬も産卵後以外と長く、マダイなどの味が落ちる時期には重宝される存在となっている。古くは東シナ海の底引き網などで大量に獲れていたため、様々な加工品になっていて、庶民的なものだった。

白身

クロダイ

黒《くろ》鯛《だい》

黒い皮の下には美しい身が隠れている

海苔の生産量トップ兵庫県明石で揚がった「海苔食いチヌ」。1日生け簀で生かして締めたもので、握るとすし飯の上で身が盛り上がってくる。新鮮なのに甘みが強く、シコシコと心地よい食感が楽しめる。至福の味わいだ。

皮の色が銀黒色なので、皮霜よりも焼霜にしたい。皮の香ばしさ、味わいが楽しめて、ほどよい硬さですし飯とのなじみもいい。しょうゆもいいが柑橘類をしぼり、塩で食べてもうまい。

おさかなデータ

北海道南部以南から台湾に生息【タイ科】

旬: 夏から春先

呼び名: 関東では出世魚。小さいときはすべて男の子なので「チンチン」、30センチ前後を「カイズ」、それ以上を「クロダイ」

食データ: 千葉県では幼魚「チンチン」を秋に釣り、正月の雑煮のだしにする

江戸時代から冷蔵庫が登場するまでは夏の超高級魚

内湾の岩場や、川の河口近く汽水域に生息している。雑食性でエビやカニ、貝など以外に海藻、スイカなども食べる。関東では成長とともに呼び名が変わる出世魚、小さいものから「チン」「チンチン」「カイズ」「クロダイ」と替わる。小さい時期はすべてが雄で、大きくなると雌に性転換する魚のため、呼び名にもそれが現れている。野締めはまずく、やはり活け締めにしたものが最高。

キチヌ

黄《き》鰭《びれ》

西日本では夏を代表する魚

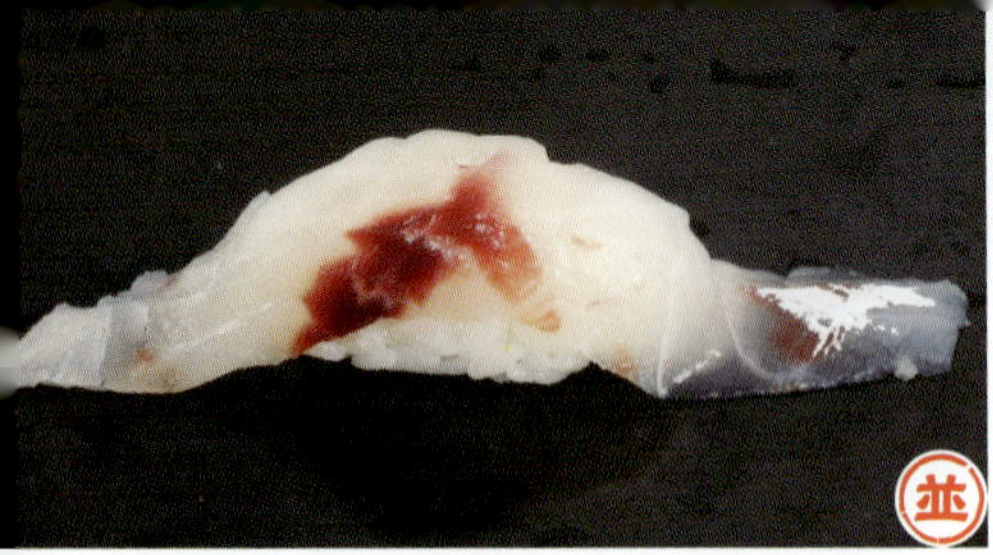

旬の握りは淡泊な中にも充実したうま味があり、ほんのりと甘みを感じる。後味がよくて、強いすしダネの間にはさむとキラリと光る握りに。

兵庫県明石から来た活け締めの皮をあぶって握ったもの。しょうゆで食べても、スダチなど柑橘類と塩というのもいい。

おさかなデータ

南日本。オーストラリアやアフリカ東岸にも生息【タイ科】

旬: 春から夏

呼び名: 三重県尾鷲ではクロダイに似ているので「ニタリ」。川で獲れることもあるので「カワダイ」

食データ: 南に行くほどクロダイが少なくなり、本種が主役に。丸ごとを使った炊き込みご飯は絶品

伊豆半島から西の魚だったが東に向かって生息域を広げている

東日本よりも西日本に多い魚。古くから食用としているのは伊豆半島以西。内湾に多く、河口域や川にも遡上する。クロダイの仲間なのだが、むしろ銀色で、鰭《ひれ》の先が黄金色。見た目にも美しく、食べてもおいしいので、たくさん獲れる西日本では刺身や鍋物にと、頻繁に食卓に上りすしダネにもなる。白身魚が市場から姿を消す梅雨明けの時期、安くてうまいのが本種。

平《へ》鯛《だい》

比較的沖合にいて、磯臭さなどは皆無

大型がうまい。血合いが美しく白身ダネとして最上級の味わい。皮下、腹の部分に脂がのる。この脂が甘く、うま味が強い。

おさかなデータ

千葉県以南〜インド、オーストラリアに生息【タイ科】

旬:	秋から冬
呼び名:	やや白っぽいので静岡県では「シロダイ」。沖合の潮の速い浅瀬にいるので宮崎県では「セダイ」
食データ:	定置網などでたくさん獲れる九州、山陰などでは鍋物にも活躍

比較的沖合にいて磯臭さはまったくない

黒というよりも銀白色。釣り上げると水中でキラキラと光る。この姿から別名シロダイ。標準和名は、口を「への字」にして不機嫌そうに見えることから付いたとも。クロダイやキチヌが内湾や、時に河口から川に入るのに対し、本種は沖合にいる。そのせいか磯臭さなどはまったくなく、漁師さんなどはマダイよりも上品だという。そのため汁にしても味が良く、山陰などでは「へか焼き」という魚のすき焼きにする。

ハマダイ

尾《お》長《なが》

沖縄三大高級魚のひとつ

深場にいる魚は脂がのっているというが、その代表的なもの。甘みのある脂が切りつけた身に均等に入り、うま味が強く、シコシコッとほどよい食感がある。すし飯との相性も抜群にいい。

伊豆諸島に島ずしというのがある。白身をしょうゆにつけて握ったもの。これを再現してづけの握りに。しょうゆ味でくどくなると思いきや、むしろあっさりと食べやすく、後味がいい。薬味はわさびではなくカラシが合う。

おさかなデータ

南日本に生息【フエダイ科】

旬： 春から夏

呼び名： 標準和名を知る人は少なく、「オナガ」が一般的。沖縄では「アカマチ」

食データ： 実は、東京都を代表する魚。伊豆諸島、小笠原が産地で、古くから高級魚として有名

産地は東京と鹿児島、沖縄では三大高級魚のひとつでもある

暖かい海域のやや深場に生息する魚で、沖縄、鹿児島、東京と緯度の低い海域が産地となる。沖縄ではマクブー（シロクラベラ）、アカジンミーバイ（スジアラ）とともに三大高級魚といわれている。東京には小笠原諸島などから鮮度のいいのが入荷する。東京の地物魚では、値段的にも味的にも頂点にある。その割にあまり知られていないのは、もっぱら切り身で売られているため。

姫《ひめ》鯛《だい》

現代の江戸前、東京を代表する地魚

まったくイヤミのない味で、上品で淡泊だがうま味に欠けるという人も多い。ただ実は強いすしダネの間に挟むとビックリするくらいにおいしく感じる。名脇役的存在。

おさかなデータ

南日本に生息【フエダイ科】

旬: 春から夏

呼び名: 東京都では「オゴダイ」、鹿児島県では「ホタ」

食データ: 東京では高級白身のひとつ。上品な味わいから料亭などで使われている

地味で華やかさはないけれど通好みの魚

比較的暖かい海域から熱帯にかけての、やや深海にすむ魚。さほど赤くもなく、体長五十センチほどの細長い体型なのに「鯛」がつく変わり種。本種をはじめとするヒメダイの仲間ではもっとも北に生息する。沖縄や鹿児島県でも揚がるが、東京の諸島部が最大の産地。赤身よりも白身が好まれた戦後、昭和期までは魚河岸でももっとも高価な魚のひとつだった。握りを食べる順序で、初めてよさに気づく。

笛鯛《ふえだい》

夏が近づくにつれて味が良くなる

鹿児島で活け締めにして空輸したもの。切りつけると身が盛り上がり、すし飯の上で、じわっとねじれる。シコッとした強い食感に強い甘みがあり、強いうま味が舌を喜ばせる。白身の良さを生かすため、柑橘類と塩で。

おさかなデータ

南日本、小笠原に生息【フエダイ科】

旬: 春から夏

呼び名: 沖縄では「イクナー」、鹿児島では「シブダイ」

食データ: 刺身の味は天下一品だが、一番のおすすめは「みそ汁」。驚くほどうまいだしが出る

常夏の九州、沖縄で夏の魚の代表的なもの

亜熱帯、熱帯期域の浅場に生息する中型魚。口が口笛を吹く形に似ているので、この名前に。フエダイ科は魚類の中でもっとも多くの種が属しているが、本種はその代表。外見は目立たない平凡な姿だが、味のよさは白身の中でも傑出。鹿児島県、沖縄県を代表する高級魚であるが、関東などに希《まれ》に入荷したときも高値となる。普段は透明感のある白身が、春から夏の旬には脂で白濁して、刺身に切ると盛り上がってくる。

ハマフエフキ

浜《はま》笛《ふえ》吹《ふき》

東京湾でも揚がる、生息域の広い魚

口に入れた途端に上品な甘みがくる。シコシコッと強い食感があり、噛むほどにうま味がしみ出てくる。すし飯との相性もよく、白身としてまことに味わい深い。

おさかなデータ

南日本に生息【フエフキダイ科】

旬: 沖縄では夏から春、本州では春から夏

呼び名: 口の中が赤いので「クチビ（口火）」、沖縄では「タマン」

食データ: 沖縄ではクチナジー（イソフエフキ）とともに、食堂での登場回数が多い。皮つきの刺身や、みそ汁が定番

沖縄三大高級魚になったりならなかったり

浅い珊瑚礁や岩場にすむ磯魚で、熱帯から外房まで、広い地域で食べられているフエフキダイ科の魚。標準和名の「はま」は、古くは「大きい」という意味があった。体長一メートルを超える超大型の魚だ。沖縄三大高級魚はアカジンミーバイ（スジアラ）、マクブー（シロクラベラ）、アカマチ（ハマダイ）とされるが、マクブーの代わりに本種を挙げる人もいる。味がよく値段がほどほどなのも人気の秘密なのだろう。

イシダイ

石《いし》鯛《だい》

磯の王様は値段もすごい

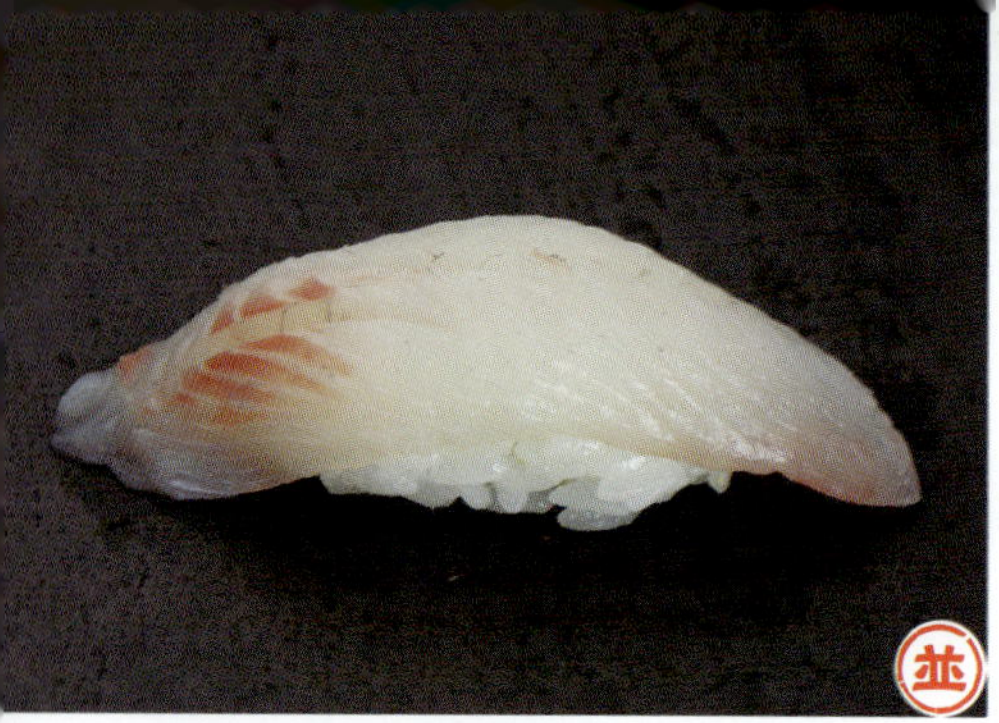

小ぶりのサンバソウの握り。小さいのにうま味が強く、シコッとした食感を楽しめる。すし飯との相性も抜群にいい。

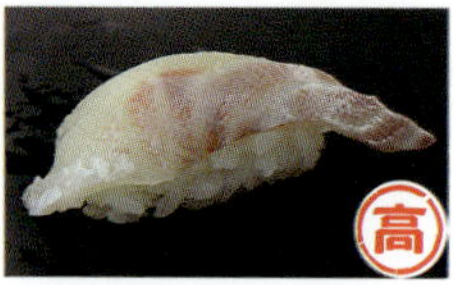

イシダイ成魚

口の周りが黒い成魚の握りは、見た目、血合いが赤くてきれい。口に含むとうま味が強く感じられて深みのある味に、微かに磯魚の風味がする。病みつきになる味だ。

沿岸の磯で獲れる高級魚

小さいときには黒い横縞（↓P247）がくっきりして、歌舞伎三番叟烏帽子に似ているので「サンバソウ」ともいう。大きくなると横縞が消えて口が黒くなり「口黒」。小さくても味が良く、食感の強い白身で好んで握るすし職人も多い。当然うまい握りだが、値段は時価である。

おさかなデータ

日本各地に生息【イシダイ科】

旬:	秋から初夏
呼び名:	小さいものを「サンバソウ」
食データ:	産地では、鱗ごとたき火に放り込み蒸し焼きに

石《いし》垣《がき》鯛《だい》

透明感のある見事な白身

1キロほどの脂ののったもの。シコシコとして心地よい食感で脂が甘く、うま味が強い。ほどよい硬さですし飯との相性もいい。

おさかなデータ

本州中部以南に生息【イシダイ科】

旬: 晩秋から夏

呼び名: 大きくなると口が白くなり「クチジロ」

食データ: フグのように薄造りにして美しく、うまい

イシダイとともに魚河岸では石ものという

比較的暖かい海域の浅い岩礁域にいて、ウニやサザエを強い歯と顎でばりばりと噛み砕き食べる。四国、九州、沖縄では盛んに薄作りにして食べられている。ただし高級魚なので毎日というわけにはいかない。強い食感とうま味、甘みがあり、すしダネとしても重要。

アカアマダイ

甘鯛《あまだい》

滅多にお目にかかれない高級魚

島根県石見《いわみ》地方から来た高鮮度のものを切りつけ、そのまま握ったもの。非常に甘みが強く、すし飯となじみやすい硬さ。一度食べたらやみつきになる握りだ。

手のひらにのるくらいの小さなアカアマダイを皮付きのまま湯をかけて皮霜造りにして握ったもの。皮目が甘くて魅惑的な味。

おさかなデータ

本州中部以南から南シナ海に生息【アマダイ科】

旬: 秋から冬

呼び名: 京都・大阪では「グジ」。一般的にはこちらの呼び方が知られている

食データ: 非常に身が柔らかく、下ろすのがとても難しい。これを浜で開いて、塩をして京都に送ったのが「若狭グジ」

古く関東では猫またぎだったが今では一転、お宝に

やや深場の砂地に穴を掘って暮らし、流れてくるエサを巣穴近くで待ち受けている怠け者。そのせいか身がぶよぶよと柔らかく、鱗などを手荒くひくと身が崩れてしまう。まことに取り扱いにくい魚で、面倒なので魚のくず、「屑魚《くずな》」などと呼ぶ地域もある。それが京料理である若狭焼きが広まってもっとも高価な魚に大変身。今ではマダイの二倍、三倍は当たり前である。生の握りは、昆布じめなどとは別格の味。

メダイ

目《め》鯛《だい》

江戸前で今も健在な並ずしダネ

島根県で揚がった大型の腹の部分。口に入れるとトロッとしているが、シコッとした食感もあり、じわりと舌にうま味が感じられる。すし飯とのなじみもベストに近い。

中型を昆布じめにしたもの。淡泊でイヤミのない味が昆布との相乗効果で美味となっている。すし飯との相性も最高にいい。

おさかなデータ

南日本、小笠原に生息【イボダイ科】

旬: 秋から冬

呼び名: 目が大きいので「メブト(目太)」、ずんぐりしているので「ダルマ」

食データ: 西京漬け、鍋物、ムニエルにフライ。刺身も昆布じめもうまい。どんな料理にも向く万能の魚だ

白身

古くから使われてきた江戸前の魚

本州から九州までのやや沖合にいる一メートル前後になる大型魚。地味で、体から大量の粘液を出すので、決して見栄えのいい魚ではない。目が大きいのが特徴だが、これは深海に生息するため。江戸言葉で「めでぇ」といい、東京ではなじみの惣菜魚で、煮つけなど人気が高い。対する関西以西では安くて味が似ている輸入魚がいるので、あまり人気がない。代表的な産地は山陰、長崎、高知、鹿児島など。

疣《いぼ》鯛《だい》

開き干しで有名だが、鮮魚は高級品

酢じめにして皮つきのまま握ったもの。まったりした甘みと、脂のこくが感じられて、すし飯と一緒になってもうま味が続く。後味がいいので強いすしダネの後などにもよい。

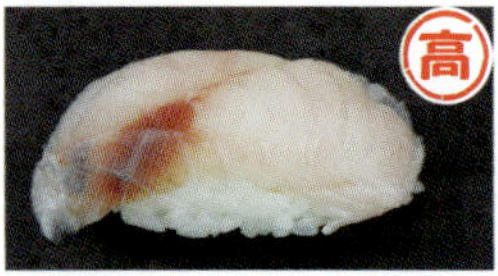

生で握ると一瞬、魚の正体がわからない。脂が身全体に回り、酸味はほとんどなく、丸みのある味わい。

おさかなデータ

東北以南、東シナ海に生息【イボダイ科】

旬: 秋から夏

呼び名: 「イボダイ」は東京での呼び名だが、実際には「えぼだい」。「い」を「え」と発音する江戸っ子言葉を標準語に訂正した

食データ: なぜか、徳島県人はイボダイがないと生活できないくらいに大好き

江戸時代からなじみ深い魚だが主な産地は西日本

東北以南のやや深い場所に見られる魚だが、主な産地は九州や東シナ海。鮮度が落ちやすいので、加工品、特に開き干しになることが多い。本種の開き干しは味がいいので有名だがとても高い。人気の高まりとともに近縁種が世界中から輸入されるほどだ。生で食べる習慣があるのは主に西日本。特に瀬戸内海周辺、徳島県などではスーパーなどにも刺身が並んでいる。酢じめの味も一級品である。

センネンダイ

千《せん》年《ねん》鯛《だい》

本州では千年に一度の美味

血合いが鮮やかに赤く、切りつけた身の表面に乳白色の脂が見える。この脂がとろりと甘く、ほどよい食感で、すし飯となじみながら濃厚なうま味を感じさせる。熱帯域で味わえる最上級の握りだ。

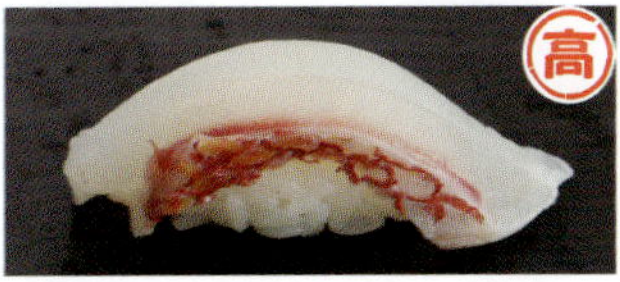

皮はやや硬い。沖縄流に生の皮つきで握ってもうまいが、少々すし飯とのなじみが悪い。それで皮目に熱湯をかけて、皮霜造りにし、握りに。皮があるだけで握りとしての味わいが増す。

おさかなデータ

南日本に生息【フエダイ科】

旬: 春から初夏

呼び名: 沖縄県では「サンバナー」

食データ: 私見ではあるが、大型は熱帯域ではもっとも美味な魚。まことに千年に一度の美味

白身

身が締まり、うま味が十二分にある　熱帯系魚でもっとも美味な魚

主に熱帯の珊瑚礁などに生息する一メートルを超える大型魚。希に四国や和歌山県などでも揚がる。和歌山では非常に珍しく、「千年に一度しか獲れない」ということで「千年鯛」の名がついたのだと思う。産地の鹿児島県、沖縄、小笠原などでは超高級魚。赤い体色と名前のよさから沖縄県では、親族が集まって祝いごとをするおめでたい日に鮮魚店で本種を買い込む光景が印象的。

アカマンボウ

万《まん》鯛《だい》

「超」派手な魚、切り身はいろんな魚に化ける?

腹側の中骨に近い部分の握り。すし職人の判断で煮切りを塗ってみた。見た目はマグロに近いが、比べてしまうと淡白で酸味が弱い。きめの細かい身質。すしダネとしていける味だ。

おさかなデータ

世界中の暖海域に生息【アカマンボウ科】

旬: 年間を通して

呼び名: 身体の形が似ているので「マンボウ」。いろいろ人騒がせな姿なので「モンダイ」

食データ: 切り身はマグロのようでマグロでない。カジキのようでカジキでない。産地ではバター焼きやお刺身がおすすめだという

主にマグロなどの漁業基地に揚がる外見は怪魚、中身は普通の魚

世界中の暖かい海域をゆったりと回遊している、成長すると二メートルを超える大魚。マンボウと同じようにクラゲや小さなエビを食べているので、仲間だと思われていたようだ。マグロ延縄《はえなわ》漁などで獲れる魚で、マグロ漁業の水揚げ基地のあるところが産地。だれもが「なんの仲間なの」と聞く。仲間には変な形の魚が多く、代表的なものにリュウグウノツカイがいる。

チカメキントキダイ

金《きん》時《とき》鯛《だい》

ざらざらの皮下に超美しい白身が

大型の背の部分。クセのない白身で、しょうゆ・わさびだけではなく、「ゆずこしょう」などで食べてもいい。見た目もすし飯とのなじみもよい、小粋な握り。

手のひらサイズ。甘みが強く、うま味がほどよく感じられて、しかもイヤミがない。品があるのに味わい深い握り。柑橘類をしぼり、塩もいい。

おさかなデータ

南日本に生息【キントキダイ科】

旬: 秋から冬

呼び名: 木曾義仲の家来の名「金平(カネヒラ)」、歌舞伎登場人物「景清(カゲキヨ)」など、荒武者の名がついている

食データ: 鍋物に焼き物、どんな料理でも味がいいとプロに評判

白身

歌舞伎役者も裸足で逃げるほど姿はハデでも中身は見事な白身

比較的暖かい海域の浅場に生息。沿岸で獲れるため、関東でも頻繁に魚河岸に並ぶ。量的に少ないため一般にはあまり知られていない。キントキダイの仲間は種類が多く、南に行くほど食用魚として重要性を増す。もともとは南日本の魚だが、年々北に生息域を広げている。主な産地は青森県、千葉県、静岡県、紀伊半島、四国、九州など。和名は金太郎の衣装が赤いのにたとえたもの。

カゴカキダイ

駕《か》籠《ご》担《かき》鯛《だい》

すしダネとなるために生れてきたよう

小魚なので片身で1かんから2かんの握りにしかならない。血合いが赤く、身に透明感がありすしダネとして美しい。すし飯とのなじみもよく、インパクトのある握り。

おさかなデータ

茨城県、山陰以南に生息【カゴカキダイ科】

旬: 秋から冬

呼び名: 見事な黒い縦縞（→P243）が狂言の衣装に似ているので「キョウゲン」「キョウゲンバカマ」

食データ: 海辺で獲れたてを、鱗も取らずそのままたき火に放り込む。真っ黒になったものを取り出すと、中が蒸し焼きに。真っ白な身は驚愕の美味

浅い磯などに普通に見られる魚で一般的認識はただの雑魚

浅い岩礁域に見られ、関東から西では防波堤から簡単に釣れる小魚。本種を対象にする漁はなく、定置網などに混ざって獲れ、一般的に雑魚として扱われている。まるで阪神タイガースのユニホームを思わせる、このハデな魚が驚くほどうまいとは、産地の一部の人にしか知られていなかった。関東にも少量入荷するが、刺身、塩焼き、丸干しを食べると、俄然評価が高まる。

アオダイ

青《あお》鯛《だい》

東京などでは古くから高級とされている白身魚

鹿児島県からの空輸便を握りに。透明感があり、非常に血合いが美しいが、実は見た目以上にうま味が濃い。すし飯と一緒に濃厚に舌にからみつき、しかも後味がいいのは、なぜなのだろう、と不思議なくらい。

おさかなデータ

南日本に生息【フエダイ科】

旬： 春から夏

呼び名： 鹿児島県では「ホタ」、沖縄では「シチューマチ」

食データ： どのような料理にも合う、万能の白身魚。沖縄では皮つきのまま刺身にして、辛子酢みそなどで食べる

熱帯の深場にいる高級魚 東京を代表する魚でもある

南の海域にいる中型魚。東京では伊豆諸島、小笠原、鹿児島から沖縄にかけての島々で獲れる。東京の魚河岸ではヒラメ、カレイとともにフエダイ科のオゴダイ（ヒメダイ）、オナガ（ハマダイ）、本種が白身魚の代表的なもの。都下諸島部が産地なので高級料理店などで盛んに使われている。主に刺身になり「煮る、焼くには高すぎる」という認識が。春から夏にかけて、白身魚が少なくなる時期に旬を迎える。

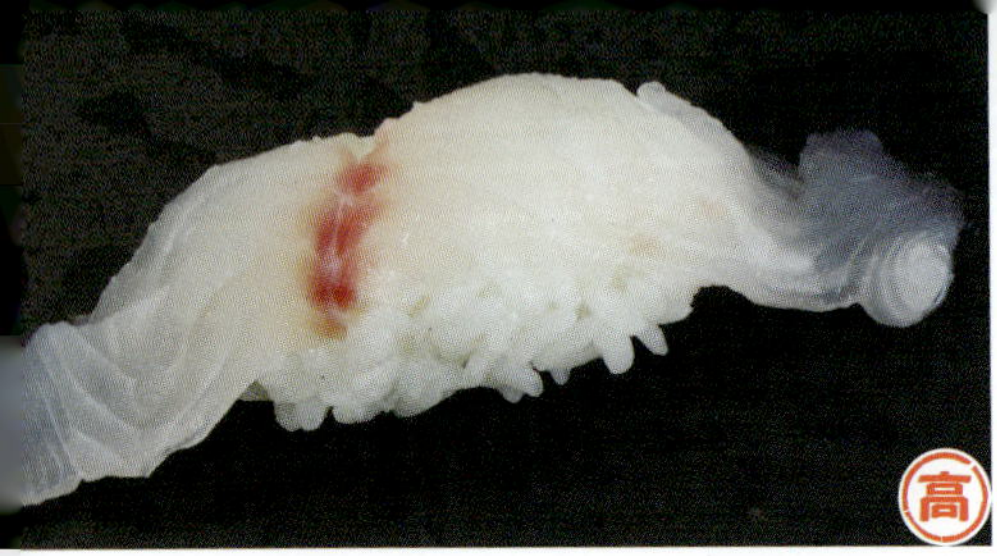

メイチダイ

目《め》一《いち》鯛《だい》

秋の白身の王様的な存在

握りにしてもっとも美しいもののひとつ。この見た目に、淡泊な味だろうと思ったら、実に味わい深い。イヤミのない1かんで、いくつでも食べはじめると止まらなくなる。

褐色の横縞（→P247）が目の中にも一文字に通っている。

おさかなデータ

南日本に生息【フエフキダイ科】

旬： 夏から冬

呼び名： とにもかくにも目が特徴的。「メイッチャ」「メダイ」

食データ： なんといっても生で食べるのが一番。透明感のある白身なのに、刺身のうまさは天下一品

秋になるとやってくる 白身の世界の貴婦人

岩などが多く外洋に面した浅い海域に小さな群れを作る典型的な磯魚。特徴的な模様がなく、成長して四十センチ前後。まことに目立たない地味な存在で、味のよさは知られているが、今のところそれほど高値をつけることはない。上手に締めると金色に発色する。関東から南の太平洋岸から、活け締めか活魚で入荷するが、代表的な名産地はない。あまり獲れないので旬が曖昧だが、秋のものは絶品。

金《きん》目《め》鯛《だい》

すしダネとしても刺身材料としても新参者

見ている間に表面の脂がきらきら溶けてくる、脂ののった地キンメ。口に入れた途端に甘みが広がり、すし飯とすぐになじんで消えてしまう。魚らしい味わいもしっかりあるから偉大である。

地キンメの皮目に熱湯をかけて、皮霜にし、握ったもの。口に入れた途端の口溶け感はないものの、後から来る甘みが強い。

おさかなデータ

北海道以南の太平洋側。世界中の深海に生息【キンメダイ科】

旬:	秋から冬だが、年間を通して味がいい
呼び名:	キンメダイの中でもっとも高価なものを「真金」「カゲキヨ」などとも
食データ:	産地で名物になっているしゃぶしゃぶは本種究極の料理。昆布だしで表面が白くなるくらいにしゃぶしゃぶ。ポン酢がいいな

庶民的な魚が高級魚に ローカルな魚から全国区に

世界中の水深二百メートル以上にいるので、手こぎ船などで漁をしていた時代の人は知らなかった。食用魚としては意外に新しいが、関東では昔からなじみ深い惣菜魚のひとつ。伊豆諸島、伊豆半島、千葉県が主な産地。高知県、長崎県、鹿児島県などでも水揚げされ、チリ、アメリカなど海外からの輸入も多い。関東では伊豆半島などで獲れる「地キンメ」と呼ばれるものを珍重し、高値がつく。

エビスダイ

恵《え》比《び》寿《す》鯛《だい》

表面を覆うのは宝石のような鱗

透明なガラスのような鱗の下には赤い皮があり、これを皮霜にして握ったもの。白身なのに適度に脂がのって、すし飯との相性がいい。

おさかなデータ

南日本に生息【イットウダイ科】

旬: 秋から冬

呼び名: 体の表面が非常に硬く包丁が通らないほどなので「ヨロイダイ」「グソクダイ」

食データ: 科より上の分類からするとキンメダイの仲間。当然、鍋にするとキンメダイに負けないくらいうまい

あまり獲れないので見つけたら「えびす顔」

沿岸の定置網や釣りで獲れる魚だが、なぜかいつも一尾だけぽつんと置かれている。全身にラメをつけたようにキラキラ。この鱗がガラスのように硬く、触ると痛い。名前の「えびす」とは、七福神の一つ〝五穀豊穣の神〟を指すほか、遠い国から流れ着くもの、異界を思わせる存在のことでもある。いにしえの人も、このルビーのような、まばゆいばかりに美しい魚体に驚きを感じ、この名をつけたのかも。

目《め》仁《じ》奈《な》

日本海が荒れると大獲れする、磯魚

四国などで皮をわらなどの火であぶり、切りつけたものを焼き切りというが、これをすしダネにしたもの。皮のうまさ、脂の甘さ。どことなく野性味を感じさせる握りに。

厳寒の島根半島に大量に水揚げされたもの。一見タイにも思える美しい握りだが、味は濃くて、食感も強い。

おさかなデータ

新潟から房総半島以南に生息【メジナ科】

旬: 秋から冬

呼び名: 関西では「グレ」、山陰で「クロヤ」。サケが獲れ始める頃によく釣れるので「サケノツカエダイ」

食データ: 徳島県の漁師は皮つきのままたき火に放り込み、表面が真っ黒に焼けたら、火箸で皮をとる。中からは蒸し焼きになったうますぎる身が

磯などに一年を通しているのと少し沖合にいるものの二種をいう

暖かい海域の磯や浅場にいる、真っ黒でコバルトブルーの目を持つ魚。食用魚としてよりも、釣りの対象魚として熱狂的なファンを持つ。磯周りに一年を通しているメジナと、やや沖合にいるクロメジナの二種の総称。夏には磯臭さがあり嫌われるが、寒くなるほど味がよくなり、山陰などでは「冬のクロヤ(メジナ)はタイより上」と。代表的な産地は北陸から山陰にかけて。

鶏魚《いさき》

麦を刈り、夏が近づくと思い出す魚

梅雨の真っ盛りに揚がった活け締めの握り。血合いが鮮やかに赤く、切りつけた身に脂がのっていて甘い。すし飯と合わさるとゴージャスな味になる。

秋に上がった瓜坊と呼ばれる若魚。手のひらサイズなのに脂が皮下に層を作って甘みがある。片身1かんのすし職人好みのすしダネ。

おさかなデータ

東北地方以南に生息【イサキ科】

旬: 春から夏

呼び名: 麦の収穫期に味がいいので「麦わらイサキ」。同じように「梅雨イサキ」。ほか「イサギ」「イッサキ」

食データ: 夏になると無性に食べたくなるのがイサキの塩焼き。塩焼きの王様ともされる

江戸時代よりの塩焼き魚 夏の風物詩だ。刺身は新しい食べ方

外洋に面した浅い磯回りなどに群れを作って生息している。東京では江戸時代以来、主に塩焼きに。今でも内房や三浦半島など東京湾内で獲れている。関東から宮崎県まで、山陰から天草周辺までが主産地。夏に旬を迎え、季語も夏。旬の塩焼きは江戸っ子もうならせた味だろう。これを刺身で食べるようになったのは意外に新しく、高度成長期以後のことのように思う。

コショウダイ

胡《こ》椒《しょう》鯛《だい》

西日本のすしダネから全国区に

白身で独特の風味があるが、皮目をあぶると香ばしさが加わり、よりうまくなる。ほどよい硬さですし飯との相性も良く、見事な握りだ。

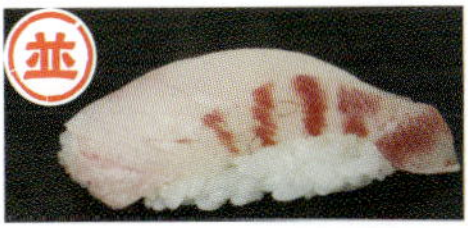

関西以西では白身の定番だったもので、血合いが美しい。握りに仕立てても品のある白身で、何かん食べてもイヤミがない。

胡椒に似た斑点がある。

おさかなデータ

山陰、下北半島以南の日本海、太平洋に生息【イサキ科】

旬： 春から夏。寒い時期にも味がいい

呼び名： 本種が大好きな大分県では「コタイ」だが、「小鯛」ではなく意味は不明。ほか、「トモモリ」など

食データ： 夏の塩焼きの代表はイサキだが、本種も親戚のせいか味がいい

温暖化のせいか年々獲れる量が増えて値下がり気味に

伊豆半島から西、岩礁の多い浅場にいる。形はまさしく鯛形で、体長七十センチ前後になる大型魚。あまり大きいと寄生虫がいるというので、プロは三十~四十センチほどの中型を好む。本種名の「こしょう」は香辛料の胡椒に似た斑点があるためとされるが、むしろ殿様に控える「小姓の装束」に似ているからではないか、と思っている。磯に多いので、独特の磯の香りがほんのり。

コロダイ

胡《こ》盧《ろ》鯛《だい》

イサキの仲間でもっとも血合いがきれい

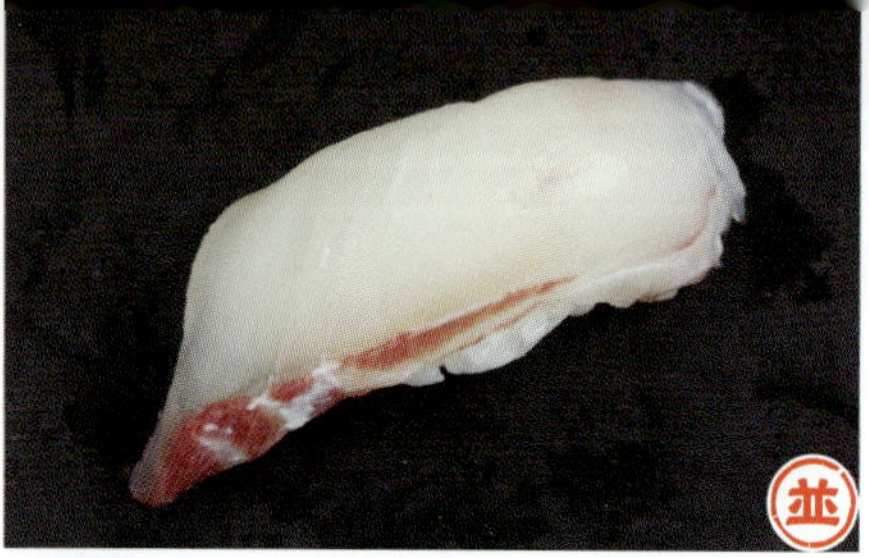

種名を明かさないで出したら、悩みそう。甘みがあり、噛むと、じわりとうま味が浮き上がってきて、すし飯と混ざって、バランスが良く、後味がいい。うますぎて困る、そんな握りだ。

イノシシの子のような黄色い斑点がある。

おさかなデータ

下北半島以南に生息【イサキ科】

旬: 春から夏

呼び名: 三重県では貝が好きなグレ(メジナ)という意味で「カイグレ」。「キョウモドリ」「ヨノミ」などとも

食データ: 和歌山では、小ぶりは不味く、行商の魚屋が売れずに街を回るので「マチマワリ」と呼ばれるが、実は小さくても味のいい魚

コショウダイとは兄弟 鯛形のイサキ科の魚に美味なもの多し

コショウダイに似て磯や岸近くの浅場に多く、より暖かい海域に生息している。本来、鯛形のイサキ科は熱帯に多いが、この二種はもっとも北に生息。これらは白身として世界的に重要な魚。温暖化とともに一般の食卓にも上るようになる可能性が高い。「ころ」とは和歌山県などでイノシシの子供を指す言葉。イノシシの子と同様、背中に黄色い斑点がある魚という意味。

アイナメ

鮎並《あいなめ》

江戸前を代表する高級魚

旬を迎えた初夏のもの。白く見えるのは身に脂が混ざり込んでいるから。これが甘く、そしてうま味も十二分にある。シコシコした食感があって、すし飯と混ざって後味がいいので、ついついもう1かんとなる。

定番的な焼霜の握り。皮にうま味があり、香ばしい香りもプラスしたもの。すし飯との一体感も味わえる。

おさかなデータ

北海道から九州までの比較的浅場に生息【アイナメ科】

旬: 春から夏

呼び名: 体がぬるぬると油を塗ったようなので「アブラメ」。岩場で始終獲れるので「シジュウ」

食データ: 高級料亭など、お吸い物の実で出てくる。切り身の表面にくず粉をつけ、昆布だしに落とす。お吸い物の最高峰とされる

夏の白身の代表株
外見の地味さとは裏腹に
白雪のような美しいすしダネ

まさに江戸前の魚、江戸湾(現東京湾)の浅場にいて、江戸庶民にはあこがれの白身魚だった。北海道や東北などからまとまった量のアイナメが入荷してくるが、生で食べるなら最低でも活け締め、できれば活魚を選びたい。夏の活魚は超がつくほど高くなる。産卵期は秋から冬。この時季、アユのように縄張りを持ち、雄は黄色く染まり産卵後は卵を雄が守ることでも有名。

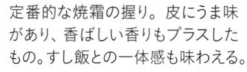

𩸽《ほっけ》

開き干しで有名になりすぎた北国の魚

函館から入荷のネボッケの活け締め。握りとしてもきれいで、口に入れた途端に脂の甘さがくる。それでいながら後味がいいのが不思議だ。

写真：独立行政法人水産総合研究センター

おさかなデータ

日本海から茨城県以北、オホーツク海に生息【アイナメ科】

旬： 春から夏

呼び名： 大型であまり移動しないで同じ海域にいるものを「タラバホッケ」「ネボッケ」

食データ： 庶民的な開き干しだが、大型のネボッケは別格。北海道の炉端焼きで出てくると1尾で4人前にはなる

戦後の食糧難のときに大量に関東などに送られた

日本海や東北、北海道で獲れる大衆的な魚。大きくなるに従い漁業者の間での呼び名が変わり、「ロウソクホッケ」「チュウホッケ」「タラバホッケ」。大きくなるほど味がよくなり、値段も上がる。戦後食糧難の時期、冷蔵もままならない状態で入荷した本種を食べた人が、今でも「まずい魚」と言う。そのせいか関東では安い。産地は主に北海道。一定の場所にとどまる「ネボッケ」というのが有名で高い。

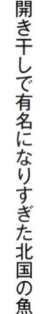

鱸《すずき》

平清盛に天下をとらせた縁起のいい魚

脂ののった梅雨明け時季の天然もの。白濁して見えるのは脂で、口に入れるとほんのりと甘みが感じられ、シコシコした食感が涼やかでうまい。

養殖ものは年間を通して脂があり、築地などに生きて入荷しているので透明感がある。すしダネとしては優秀だが、スズキらしい野性味に欠ける。

おさかなデータ

日本各地から南シナ海に生息【スズキ科】

旬: 夏

呼び名: 出世魚。生まれたばかりを「コッパ」、大きくなるに従って「ハクラ」「セイゴ」「フッコ」「スズキ」

食データ: なんといっても「洗い」がいちばん。生きたまま締めて冷水で洗うと身がきゅっとしまる。涼やかな夏の味

江戸時代よりの塩焼き魚 刺身は新しい食べ方

内湾などに多く、小さい時期には淡水にも上る。陸に近い場所で獲れるので、都市部でもなじみ深く、江戸時代から釣りの対象魚としても人気が高かった。古文書などにも数多く書かれていて、舟に本種が飛び込み、それを「吉事」と祝った平清盛を、太政大臣にまで導いたとも。江戸時代の『魚鑑』では「夏の珍、これに過るものなし」ともある。産卵期を控えて、荒食いした脂ののったものの握りは天下一品。

ヒラスズキ

平《ひら》鱸《すずき》

夏のスズキ、冬のヒラスズキ

切りつけたものからは、魚が想像できない。血合いが薄紅で、黒い筋がない。口に入れて、まったくイヤミがなく、すし飯にほどよくなじんで美味。

おさかなデータ

主に房総半島から九州まで生息【スズキ科】

旬: 秋から冬

呼び名: やや外洋に面した場所にいるので「オキスズキ」、スズキよりもうまいので「ホンスズキ」

食データ: スズキは淡水や汽水域にいるので微かに臭みを感じることがあるが、本種は臭みなど皆無。マダイのように上品なので、決して洗いにはしない

長年、分類学でスズキは一種類とされていたが漁師は二種をしっかり分けていた

古くから漁師さん達は、スズキには外洋の荒磯などにいるタイプと、内湾にいるタイプがあるのを知っていた。しかし分類学上で別種とわかったのは、戦後十年以上経ってから。漁師は「外洋のスズキ」の方が美味で、高値がつくというのを昔から知っていたようだ。淡水には入らないので、クセのない白身がまるで鯛のように上品。特に冬が美味で、特上ずしにふさわしい。

九《く》絵《え》

百キロを超える巨大魚だが、味は繊細

天然の活け締めを切りつけたもの。すし飯の上でもこもこと身が盛り上がり、シコッとした食感にじわりと強いうま味がしみ出してくる。さっぱりしたすし飯が、これに調和して、やみつきになる味に。

おさかなデータ

南日本に生息【ハタ科】

旬: 冬から初夏

呼び名: 中国地方、九州などの呼び名「アラ」は有名

食データ: 肌寒さを感じる11月、福岡で開催される大相撲九州場所で力士が食べる、名物「あら鍋」が有名。フグよりも高価で、うまい

偽装問題でたびたび登場するくらいに高い

暖かい海域の岩場などにいる。昔は福岡県博多の「あら料理」、和歌山県の「くえ料理」など、知る人ぞ知る地域限定の高級魚だった。それが近年注目を浴び、天然ものだけでは足りず、養殖も盛んになってきている。現在、初競り初値はともかく普段は本マグロよりも高価。あまりに高価なので、アブラボウズなど縁もゆかりもない魚で偽装事件が起きている。皮や胃袋、肝など捨てるところがまったくない。

マハタ

羽《は》太《た》

大型のハタの仲間ではもっとも北にまで生息

養殖ものの握り。天然ものは珍しいが、養殖ものは使われる機会が増えてきている。まったりと甘く、活け締めなので食感が強く、じわりとうま味が出て、すし飯になじむ。微かにとろりととろける感覚があるのは、たっぷりのった脂のせい。柑橘類、塩でも美味。

おさかなデータ

北海道南部から東シナ海に生息【ハタ科】

旬: 晩秋から初夏

呼び名: 海藻の生えている岩場にいるので「藻魚」。島根県では「カナ」

食データ: 西日本では切り身にして、湯引きし、酢味噌で食べる

巨大になると縞模様が消える

浅い岩場などにいるハタ類の代表で、もっとも北にまで生息している。一メートルを超える肉食魚で、年々天然ものが獲れなくなっている。魚河岸でも天然ものを見かける機会は少なく、希《まれ》に大物があるとキロ二万円を超えることもあるので、一般にはまったく出回らない。獲れなくなって真っ先に養殖が試みられ、今や養殖魚のエースに。白身なのにうま味が濃く、ヒラメより味は上と評価をする人も少なくない。

キジハタ

茂魚《あこう》

瀬戸内海、近畿に夏を告げる涼やかな薄造り

脂ののった初夏の活け締め。もちっとした食感だが、噛みしめるとほどよくすし飯となじみ、甘みがあって、うま味が豊かで、後味がいい。しょうゆよりも、柑橘類と塩がおすすめ。

おさかなデータ

青森県以南に生息【ハタ科】

旬: 春から夏

呼び名: 和名はほとんど使われない。小豆を思わせる模様から「アズキマス」、赤みを帯びるので「アカミズ」

食データ: アコウの薄作りは近畿・瀬戸内海地方の夏の風物詩。大阪では冬のフグ、夏のアコウともいう

白身

ハタには小型種と大型種があり本種は小型種の代表的存在

浅い岩礁域に生息する小型のハタ。ハタ類には小型種と大型種があり、本種は前者の代表的なもの。大きくなっても四十センチ前後にしかならない。昔、関東ではあまり獲れず、キジハタ(和名)という東京での呼び名はほとんど使われない。本種の代表的な産地、瀬戸内海などではアコウと呼ばれ、大阪以西では夏を代表する高級魚。冬のトラフグ、夏のアコウとも。

アカハタ

赤《あか》羽《は》太《た》

暖かい海域にいる小型のハタ。中華料理で大活躍

活魚で入荷した小ぶりのものを、下ろしてから半日寝かせて握ったもの。甘みとうま味のバランスがよく、強い食感がある。しょうゆよりも、柑橘類と塩がおすすめ。

おさかなデータ

南日本に生【ハタ科】

旬: 春から夏(熱帯では目立った旬がない)

呼び名: 赤いので「アカギ」「アカバ」「アカニーバラ」「アカミーバイ」

食データ: 中華料理の清蒸の代表的な材料。ネギなどと蒸して、中国醤油、魚醤などのタレをかけ、熱したピーナッツオイルをかける

ハタの仲間では比較的手頃 中華料理やイタリアンなどでも活躍

暖かい海域、サンゴ礁などの浅場に生息する小型のハタ。駿河湾以南の太平洋側にいて、入荷量はそれほど多くない。伊豆諸島のほか、静岡県、和歌山県、四国、九州、沖縄などが産地。ハタの仲間はおしなべて高価だが、本種は比較的手頃な値段。切りつけて透明感があり、血合いが美しい。下ろしてから、フグのように濡れ布巾に包み寝かせて使う、という職人もいて、これが非常にうまい。

鹿児島県から活け締めを空輸してもらったもの。まだ透明感があり、うま味は少ないが上品で食べ飽きない。数日寝かせた方が、味に奥行きが出てすし飯とのなじみもいい。

スジアラ

赤仁羽太《あかじんみーばい》

沖縄三大高級魚の頂点に君臨する大型のハタ

おさかなデータ

南日本に生息【ハタ科】

旬： 春から夏だが、年間を通して美味

呼び名： 鹿児島県では「アカミズ」「アカジョウ」「バラハタ」

食データ： 沖縄料理の中でも「まーす煮」がおすすめ。濃いめの塩水の中で短時間蒸し煮にする。島豆腐があると、うまさも倍増

沖縄では別格の高級魚 祝い事があると使われる 大型の赤いハタ

サンゴ礁などに生息する大型魚。沖縄では活きエサを使った釣りや、海人《うみんちゅ》が銛《もり》などで突きとる。沖縄三大高級魚の本種は、マクブー（シロクラベラ）、アカマチ（ハマダイ）とともに高価で取引されている。主な産地は沖縄県、鹿児島県、長崎県。非常に上品な白身で、甘みがあり、獲れたては強い食感が楽しめる。刺身は見た目が美しく南国らしいさわやかな後味が持ち味である。

白身

切りつけた身はほんのり飴色をしている。水揚げしたばかりのものは透明感のある白身だが、少し寝かせた方が味はいい。すし飯と混ざっても、強いうま味が感じられて、強い存在感が。

アラ

𩺊《あら》

一般的なハタ類とは別系統の深海魚

おさかなデータ

東北以南に生息【ハタ科】

旬: 晩秋から初夏

呼び名: 九州ではスズキに似て沖合の深場にいるため「沖スズキ」。ほかには「ホタ」

食データ: アラといえばクエの九州での呼び名として有名だが、和名のアラもいて、実はクエ以上の美味

ハタ科だが一般的なハタとは別系統の魚

一般的なハタが浅い岩場に多いのに対し、本種は水深百メートル以上の岩場に生息している。見た目もハタの仲間とは大いに違い、むしろスズキに近い。東京の魚河岸では比較的よく知られた魚で九州の「アラ」、すなわち「クエ」を注文したのに、間違って本種が送られ大問題に、なんてことも。ただし本種の場合、獲れる量が少なく、養殖されていないためクエ以上に貴重。ときに魚河岸での評価もクエ以上となる。

シロクラベラ

まくぶー

沖縄三大高級魚のひとつで琉球弧以南にしかいない

皮つきで握って、職人が考えて、結局皮なしで握りに仕立てたもの。皮が少々硬くすし飯とのなじみが悪いという。色気はないがほんのり甘くて、しかも後味がいい。

おさかなデータ

奄美大島以南に生息【ベラ科】

旬:　春から夏

呼び名:　「マクブ」と伸ばさないことも。沖縄八重山では「オーマクブー」

食データ:　刺身は皮つきの生が一番。ベラやブダイは皮なしはダメなのだ

白身

沖縄料理に欠かせない「沖縄三代高級魚」のひとつ

熱帯のサンゴ礁に生息する。派手な魚が多い熱帯域では地味な魚であるが、一メートルを超えるので釣りなどの対象魚としても人気がある。沖縄三大高級魚はアカジンミーバイ(スジアラ)、アカマチ(ハマダイ)、そして本種。那覇市泊漁港などでは、三種そろい踏みの光景が見られて壮観。まったくクセのない白身で、沖縄では皮つきのまま刺身にするのが基本。白身なのにボリューム感がある味。

九線《きゅうせん》

東日本では雑魚、西日本では高級魚

兵庫県明石の活け締めを握りに。関東では真っ白なので色気がないなどというが、身がふっくらとして甘く、すし飯とのなじみもまことにいい。上ネタのひとつ。

小ぶりの雄の皮目をあぶったもの。皮にうま味があり、香ばしさが鼻腔に抜けて陶然とさせてくれる。直球的うまさの握りだ。

おさかなデータ

北海道南部以南に生息【ベラ科】

旬: 春から初夏

呼び名: ベラの代表的なものなので単に「ベラ」。「ギザミ」と呼ぶ地域も多い

食データ: 広島県の郷土料理に「はぶて焼き」がある。煮つけたものを翌日などに焼くのだが、おいしいのに、焦げやすいので難しい。作らせると嫁が「はぶてる(ふくれっ面をする)」のでこの名がある

瀬戸内海など浅い海域に多く小魚の食文化のなかの花形

関東にもいるが、たくさん獲れるのは瀬戸内海などの西日本。岩がある砂地に多い。小さい時は赤く、すべて雌。大きくなると緑がかった青になり雄に性転換する。このため雌は「赤ベラ」、雄は「青ベラ」と呼ばれる。成長しても三十センチほどの小魚。関東では雑魚扱いだが、近畿から瀬戸内海にかけての西日本では高級魚。旬を迎えた大型の雄はまことに見事で、すしダネとしても最上級。

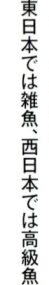

喉《のど》黒《くろ》

北のキンキと赤い高級魚の双璧をなす

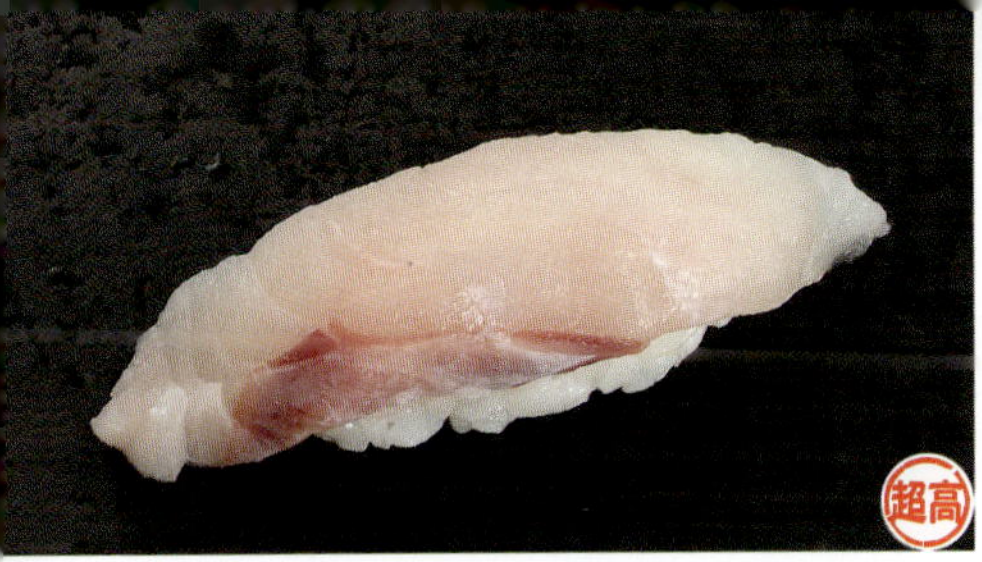

1キロ以上の成魚の握りは別格。脂が全体にまわり、口に入れた途端に甘い。魚らしいうま味も豊かですし飯との馴染みもいい。本マグロの大トロにも匹敵するほどの主役級の握り。

小ぶりのものの皮目に少量の塩をふり、あぶって握り、柑橘類をしぼって食べる。口の中でとろけながら鼻腔に香ばしさが抜ける。

おさかなデータ

新潟県、福島県以南に生息【ホタルジャコ科】

旬: 秋から春

呼び名: 赤くてきれいなので「キンギョ」「赤魚」。目が大きいので「目ブト」

食データ: 超高級魚をおしげもなく開き干しにしたものは、山陰などの名物。白身の大トロといわれて、焼くと自らの脂で、揚げ物のように香ばしい

日本海に多い 脂ののった赤い超高級魚

体長四十センチほど。沖合の深場に生息する魚で、日本海でまとまって獲れる。白身なのに大トロのように脂がのり、人気はうなぎ上り。今や「赤い宝石」とも呼ばれる超高級魚。石川県の「のどくろ」、島根県の「どんちっち」、長崎県「紅瞳《べにひとみ》」などブランド魚としても、各地で売り出し中。大きいものがいいが、うま味が強い皮目を生かせるため、山陰などのすし店では、皮目をあぶった小ぶりを出してくれるところが多い。

鯥《むつ》

古くは脂っぽいと嫌われていた

鹿児島県の沖合で獲れた超大型。皮下に脂が層になり、身自体にも混在する。口に入れると体温でとろける部分と、しっかり食感が感じられる部分の２層のうまさ。すし飯の酸味が加わると絶妙な味となる。

手のひらサイズの「オンシラズ」を皮つきであぶったもの。小さいのに皮の上に脂がにじみ出し、強いうま味がある。小さいのに味は大きいと、すし職人が好む。

おさかなデータ

北海道以南から東シナ海に生息【ムツ科】

旬: 秋から冬

呼び名: 親は深海にいて、子供は浅場にいるので「オンシラズ」。沖合にいるので「沖ムツ」

食データ: 「むつ」は「むつっこい」の略。脂が強いという意味で、煮魚にするととろりと甘く、うまい

古くは庶民的な魚、今では高嶺の花

ここではクロムツとムツの近縁二種のことを「鯥」とする。ともに太平洋側の深海で獲れ、ときに一メートル近くになる。浅い港回りなどに群れる、生まれて二十センチほどのサイズから定置網などで獲れ利用されている。古くはたくさん獲れ、非常に脂が強いため下魚とされていたが、脂嗜好の今では、大型は超高級魚に。スーパーなどで買えるものではなく、料理店やすし店などでのみ食べられる魚ともいえる。

切りつけてからあぶり、温かいうちに握ったもの。口に入れた途端、香ばしさが鼻腔に抜け、舌に甘みがくる。すし飯と混ざり、うま味と甘さが一緒に押し寄せる。

アカカマス

本《ほん》梭《か》子《ま》魚《す》

古くは干物の原料、今は刺身でも人気

おさかなデータ

東北以南に生息【カマス科】

旬： 初夏から初冬

呼び名： 徳島県では細長いので「尺八」。カマスの中でももっとも味がいいので「真ガマス」

食データ： カマスの干物のほとんどが、頭だけを残して左右に開くのを小田原開き。最近、本種の干物は高値だが、味は値段以上だ

白身

暖かいと盛んにエサをとり、皮下にたっぷり脂を溜める

暖かい海域に生息し、小魚などをエサとする肉食魚。歯はカミソリのように鋭く、うっかり触るとケガをする。塩焼きがあまりにもうまいので、ついついご飯を食べ過ぎてしまう。俗にいう「かますの焼き食い一升飯」だ。今でも本種の料理法で、ポピュラーなのは焼き物。高級干物に加工されることでも有名。生で食べるようになったのは最近のこと。小さくても高級魚だが、大型のものには「超」がつくほど。

ヤマトカマス

水《み》梭《が》子《ま》魚《す》

煮ても焼いても二級品だが、握りは一級品

皮に独特の風味があって、酢で締めた身には甘みがある。ほどよい硬さで、すし飯とのなじみがよく、これを江戸前ずしの定番としないのが不思議。

紀州、三重県・和歌山県、四国、徳島県・高知県などで作られている姿ずし。秋祭りなどに開いてていねいに骨を抜き、甘酢につけてすし飯をくるむ。

おさかなデータ

南日本に生息【カマス科】

旬: 秋

呼び名: 背に青みを帯びているので「青ガマス」、竹笛のような形なので「ヒューヒュー」

食データ: 二束三文で取引されるので様々な加工品に。逸品なのは長崎県などで作られる煮干し。驚くほどうまいダシがとれる

季節限定の安くてうまい魚 この美味を知らないと損

暖かい海域の浅場に群れを作る。小魚、小エビなどをエサとする肉食魚。沿岸で行われる定置網などにまとまって獲れる。年間を通して漁獲される本カマスとは違い、夏から秋にかけて多く、季節を強く感じさせる魚。両種が獲れる時季、漁師は本カマスに喜び、本種が大量に入るとがっかりする。ただし干物にするとアカカマスに負けない味。紀州や四国では酢でしめて姿ずしにする。

カサゴ

笠《かさ》子《ご》

口が大きく顔は悪いが中身はすごいのだ

大小で味があまりかわらない。手のひらサイズを片身1かんにしたもの。皮をあぶると香りたち、皮下のゼラチン質が溶けて甘い。身にも十二分のうま味がある。柑橘類と塩もいい。魚自体が高いので1かんのお値段にご注意を。

おさかなデータ

北海道南部以南に生息【メバル科】

旬： 秋から冬

呼び名： 九州では「アラカブ」、瀬戸内海では「赤メバル」

食データ： 煮つけ、唐揚げ、潮汁、おいしい料理が目白押し。年々値を上げている。もっと安いといいのに

白身

見た目の悪い魚ほどうまい 本種を食べると、この法則がわかる

大きくなっても一尺弱（三十センチ以下）のトゲトゲしい小魚。浅い磯にひっそりと生息し、小動物をエサとする肉食魚。言葉だけで実行力のない人を「磯の笠子は口ばかり」というのは、頭や口が大きく、食べられる部分が少ないため。「笠子の面洗わず」というのも醜さゆえで、あまりいい話ではない。ただし、本種の値段は味がいいので常に高い。魚河岸では、供給不足が続いている。

オニオコゼ

虎魚《おこぜ》

取り扱いに注意が必要な高級魚

真っ白な身に強い弾力があり、厚く作るとうま味に欠ける。薄く切りつけて何枚か重ねてつけると味わい深く、ほんのりと甘味がある。柑橘類と好相性。

おさかなデータ

千葉県以南の太平洋側、青森県以南の日本海側に生息【オニオコゼ科】

旬: 春から夏

呼び名: とても醜かった山の女神様に本種をお供えして、慰めた、というお話から「ヤマノカミ」という

食データ: 外見からはとても想像できない美しい薄造り、みそ椀、唐揚げなど、数々の料理で瀬戸内海に夏の訪れを告げる

食べるとおいしいけど調理する人は大変

穏やかな湾などの砂地に生息している。全身棘《とげ》だらけで、背鰭《せびれ》に毒があり、非常に危険。魚河岸で、網ですくおうとした人が、シャツの上から刺されたことも。最初は痛みを感じなかったようだが、徐々に強く痛み出して、とうとう入院騒ぎに。美味な魚なので初夏になると瀬戸内海地方では、どこに行ってもオコゼ料理が楽しめるほどだが、料理する人は大変。近畿から瀬戸内海で盛んに食べられる。

キチジ

金《き》色《ん》魚《き》

お店で食べると財布が軽くなる北の高級魚

手にひらサイズを片身づけにしたもの。小さくてもうま味が豊かで、皮は身以上にうまい。しょうゆもいいが柑橘類と塩もおすすめ。

大型の釣りもの。白濁しているのは、身全体に脂が混じり込んでいるため。本種は室温でも表面に脂が浮き上がる。脂がまことに甘く、うま味も強い。すし飯とのなじみもとてもいい。

おさかなデータ

駿河湾以北に生息【キチジ科】

旬: 秋から冬

呼び名: 「キンキン」「メンメ」「メイメイセン」「キンギョ」

食データ: 産地の知床では丸のまま茹でて、ポン酢や生醤油で食べる。味つけは無用。これを湯煮という

関東では産地が近いので古くからの惣菜魚

体長三十センチ前後になる深海魚。日本海では獲れず、茨城県から北に行くほど漁獲量が増える。和名の「キチジ」は関東に近い茨城県の呼び名。古くからの惣菜用の魚で、東日本・太平洋側でなじみ深いもの。対するに西日本・日本海の赤い惣菜魚の代表がアカムツ。今では、この赤い魚二種が値段的に魚の頂点にあるのだから不思議。皮の真下にはゼラチン質が層になってあるため、熱を加えるととろけて甘い。

白身

オオサガ

目《め》抜《ぬけ》

古くは北国で大量にとれた赤い魚

口に入れるとトロリとろけるが、溶け出すのは切りつけた身の半分くらい。なかほどはちゃんと魚らしい食感がある。この脂に甘さがあり、すし飯と相乗効果を生む。

おさかなデータ

銚子以北に生息【メバル科】

旬: 秋から春

呼び名: メヌケの種類は多く、本種は一般に「コウジンメヌケ」という。荒ぶる神の名がついたのは、荒れる北の海で獲れるからだ

食データ: 肝心なのは、文字通り肝、そして内臓。北の市場で教わったのは、肝や胃袋など全部入ったみそ汁。シバレる夜に効き目あり

深海から水面までの間に目が飛び出し、腹がふくれる

「目抜」と呼ばれているのは、バラメヌケや本種、そして、アラスカなどから輸入されているアラスカメヌケ、シマメヌケなどカサゴ数種。すべて冷たい海域の深海に生息し、身体が赤いため「赤魚類」などとも呼ばれている。戦前戦後を通じて安い魚の代名詞的存在で、大衆食堂で煮つけや粕づけとして並んでいたようだ。それが二百海里問題や、資源の枯渇から、高価な魚に。主な産地は三陸、北海道など。

赤魚鯛《あこうだい》

江戸前の海にも健在な赤い深海魚

口に入れるとまろやかに甘く、じわりと表面からとろけ出す。うま味も強く、これにすし飯のほどよい酸味・甘味が加わり、1かんの握りとしての完成度が高い。

おさかなデータ

青森県から静岡県の太平洋側の深海に生息【メバル科】

旬: 冬から春

呼び名: 深海から釣り上げられると、急激な水圧の変化で目が飛び出してしまうため「メヌケ」とも

食データ: 東京ではなじみ深いお惣菜魚。夕食に本種の煮つけは、庶民的な光景だった

一切れ三千円が安く感じる成り上がり者

水深五百メートルくらいの深場にいる大型魚。深海の赤いカサゴを一般に「目抜」ともいうが本種はもっとも南に生息する。関東周辺にも多い魚で、今も東京湾で獲れている。古くは庶民の味の代名詞だった安い魚が、漁獲量が減り価格が上昇。デパートなどで一切れ三千円が安く感じるほど。マダイや本マグロをしのぐ高級ぶりである。皮が少々硬いのが残念だが、皮と皮下に強いうま味があり、鍋が最高。

ウスメバル

沖《おき》目《め》張《ばる》

まことに地味、味にも華やかさは望めない

特大30センチ以上を握りに仕立てたもの。白身なのにうま味が強く、すし飯となじんで、しかも存在感を感じるほどのうまさ。

手のひらサイズを、片身1かんでつけたもの。見た目がきれいでイヤミがなく、強いすしダネの間になくてはならない存在。通好みの握りだ。

おさかなデータ

日本海、駿河湾以北の北海道南部までの太平洋に生息【メバル科】

旬: 秋から春

呼び名: 新潟県では「ツヅノメバチメ」。赤みを帯びるので「赤メバル」

食データ: メバルの煮つけは古くから東京の家庭の味。今でもちょっと贅沢な食卓に上る

沖にいるのと、浅場にいるのと赤いのと黒いのと

一般に「メバル」というと磯などにいる黒いものと、沖合にいる本種とに分かれる。黒いメバルは入荷量が少なく、あまりなじみがない。むしろ沖合の、一般に「沖メバル」と呼ばれる本種の入荷が安定。昔は安かったが今、魚河岸では高値で取引されている。代表的な産地は青森県、山形県などの日本海側。煮つけや塩焼きなどが定番料理で、東京では古くからの惣菜用の魚だった。

クロソイ

黒《くろ》曹《そ》以《い》

北国の鯛というが、産地は西にもある

三陸産の養殖ものの握り。口に入れると脂の甘みがくる。食感が強く、心地よいなかにうま味がじわりと浮き上がる。すし飯の酸味がすしダネと絶妙に調和する。

30センチほどの中型の皮をあぶって握ったもの。身より皮の風味が舌に存在感を感じさせる。しょうゆもいいが柑橘類と塩の方が真価がわかる。

おさかなデータ

日本各地に生息【メバル科】

旬: 秋から冬

呼び名: 島根県では「クロボッカ」、秋田県では「クロカラ」

食データ: クセのない白身で、いいだしが出るので、汁にして美味。しばれる冬にみそ汁、潮汁が寒い産地の定番

魚なのに出産する 産卵期と出産期で 味の違う魚

日本各地の岩場などにいる魚。九州などでも揚がるが、北国の方がまとまって獲れるため、「北の鯛」などと賞される。「ソイ」というのは東北、北海道の呼び名で、マゾイ（キツネメバル）、シマソイなどともに「ソイ類」ともいう。なかでも本種は体長六十センチ以上になり、二キロ強の大型も珍しくない。大きいほど味がよく値段も高い。三陸、北海道で養殖が行われて、北日本で人気が高い。

トクビレ

八角《はっかく》

鱗は鎧のように硬く黒いが一皮むけば白身

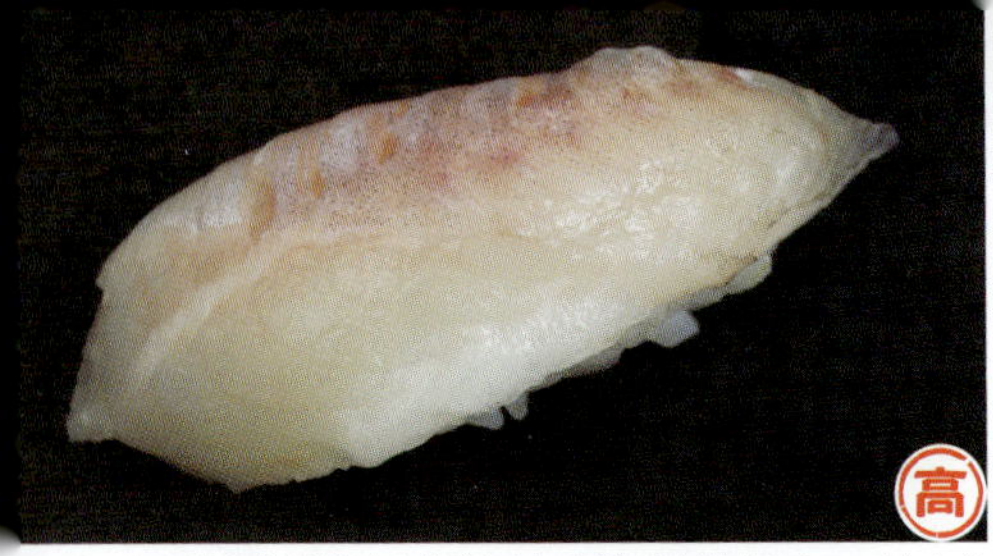

口に入れた途端甘みが感じられるが、それ以上にシコッとした食感に心奪われる。そして後から強いうま味がくる。すし飯と合わさり、口中から消えてもうまさの余韻が残る、印象深い握り。

おさかなデータ

青森県から静岡県の太平洋側の深海に生息【トクビレ科】

旬: 秋から冬

呼び名: 雄と雌で呼び名が違う。雄を「ワカマツ」「カクヨ」「トビヨ」。雌は「ガガラミ」「ソビオ」「ハッカク」

食データ: 軍艦焼きは秋の味。開いて、肝と味噌を合わせて、酒、みりんなどで焼いたものは北海道名物

大きなヒレの雄、小さな子持ちの雌 それぞれの味を楽しみたい

冷たい水温を好む、体長五十センチほどの細長い魚。切った断面が八角形なのでこの名に。雄の鰭《ひれ》が非常に大きいので標準和名は「特鰭《とくびれ》」。大型になる雄が高く、雌はやや手頃な値段。二十世紀末まで、北海道のローカルな魚だったのが、テレビにたびたび登場して知名度が上がった。本種はマグロの大トロを思わせる脂の甘さと濃厚なうま味がある。値が高いのが残念。

トラフグ

虎《とら》河《ふ》豚《ぐ》

フグの中のフグ、天然は超高級魚

活け締めにして一日寝かせたものを薄造りに。三枚重ねて握ったもの。寝かせることでうま味が増し、ほどよい食感になる。しょうゆよりも柑橘類と塩がいい。

寒くなると白子が大きくなってくる。これを生のまま軍艦にのせたもの。生クリームに濃厚なうま味を加えたようで陶然とする握りだ。

おさかなデータ

北海道から九州に生息【フグ科】

旬: 秋から冬

呼び名: 大阪では当たると死ぬので「鉄砲」。めったに当たらないので「富(とみ:江戸時代の宝くじ)」とも

食データ: 基本的には鍋が最高だけど、華があるのは薄造り。その中央にあるのが皮。皮が食べられるフグは、意外に少ないのである

白身

自分で調理しない限り安全、安心な食べもの

沿岸性の大型のフグ。もっとも高価なフグで、養殖も盛ん。大阪で「鉄砲」、九州などで「がんば(かんおけ)」などと呼ばれるのは、当たると死に至るためだが、「フグ調理師」が正しく処理したものは安全なのでご心配なく。フグ毒のテトロドトキシンは、熱を通しても毒性の消えない厄介なもの。多くのフグは皮などに強い毒を持っている中、本種は筋肉、精巣に皮も食べることができる珍しいケース。

シロサバフグ

白《しろ》鯖《さば》河豚《ふぐ》

フグなのに超格安。いずれは回転寿しにも？

口に入れると、まずはポン酢の味がして、ゆっくり、じわっとフグの甘さが追いかけてくる。フグにしては柔らかいのですし飯とのなじみもよく、口直しの１かんに最適。

安くてうまいフグだが、やや水分が多いのが欠点。これをあぶることで身をしめて、香ばしさをプラスしたもの。煮きりを塗ってもいい。

おさかなデータ

北海道から九州に生息【フグ科】

旬： 秋から春

呼び名： 鮮度がいいと金色に輝くので「金フグ」

食データ： いちばんたくさんとれるフグなので安い。スーパーなどにある干物、唐揚げなどは本種。とにかく、安くてうまい

群れを作るのでたくさん獲れる庶民派のフグ

日本沿岸に多い中型のフグ。沖合に群れをなしているので、ときどき大型の定置網にも入る。スーパーなどで見かける〝フグの唐揚げ〟や〝一夜干し〟のほとんどが本種。産地では、手軽な鍋材料としても歓迎されている。日本各地で水揚げがあるが、特に山口県萩の高鮮度のものが有名。筋肉、皮、精巣などが食用可。フグの取り扱いも緩和されて、値が安いので、ますます本種が食卓へ上がる機会も増えそう。

皮剥《かわはぎ》

職人は肝の大きさを触って選ぶ

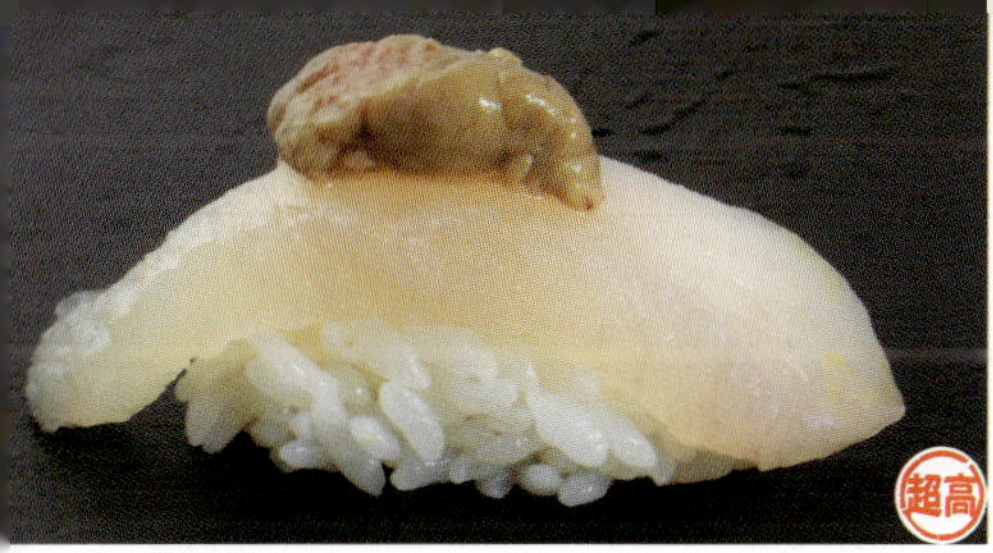

さっとゆでた肝をのせて握ったもの。まことに甘みが強く、うま味があり、ほどよく口の中でとろける肝に、食感が楽しめる身が好対照。強烈な印象の握りのひとつ。

しょうゆにつけてもいいが、上品で繊細な味わいなので、すだちなどの柑橘類と塩で出す職人が多い。じっくり味わって欲しい握りである。

おさかなデータ

北海道から東シナ海に生息【カワハギ科】

旬: 秋から春

呼び名: 大阪では「ハゲ(禿)」、山陰では秋に取れてお金になり、正月用の餅が買えるので「モチハギ」

食データ: 肝だけで半分の価値があることから「本体半分、肝半分」などという。この肝をしょうゆに溶かし込んだ「肝醤油」で刺身をいただきたい

まとまって獲れない上に味がいいので超のつく高級魚

日本列島沿岸に普通に見られる体長三十センチほどの魚。皮が厚く、はぎ取って料理するので「皮剥」と呼ばれるように。東京湾にも多く、数少ない江戸前が楽しめるもの。産卵期は木の芽時から夏。産卵期前と、深場に落ちる秋にも旬を迎える。秋になると、職人が本種の腹を触って肝の大きさを確かめて買う光景が見られる。肝が大きい、大型ほど値が高い。漁獲量が少ないので代表的な産地はない。

ウマヅラハギ

馬《うま》面《づら》剥《はぎ》

獲り方・取り扱い方で味に大きな違いが出る

活け締めを切りつけて握り、紅葉おろし、ネギを合わせて、ポン酢をかけたもの。淡泊な味わいにポン酢の酸味とうま味が合う。

活魚を切りつけて、あぶった肝をのせる。肝はゆでるよりも、あぶった方が味はきわだつ。意外に身の味わいも舌に感じられて、握りとしてまとまりのある味わいに。

おさかなデータ

北海道以南に生息【カワハギ科】

旬: 秋から春

呼び方: カワハギと比べ細長いので「長ハゲ」。目の上の棘が目立つので「ツノギ(角魚)」

食データ: この魚、ときどき大群を作って網に入るので、日本各地で干物にされる。絶品「カワハギの干物」の原料はこの魚なのだ

高度成長期までは珍魚であった

日本列島周辺の浅い海域に見られ、カワハギよりもやや暖かい海域を好む。今では加工品になるほどまとまって獲れるが、昭和四十年代までは珍しい魚だった。底引き網などで大量に獲れたものと、釣りものとでは全く値段が違う。すしダネに使われるのは活け締めか活魚で、カワハギと比べると安いが、高級魚のひとつだ。一皮剥けばフグに似た透明感のある白身。フグ同様に柑橘類やネギとの相性がいい。

マダラ

鱈《たら》

しばれる冬に旬を迎える北の魚

鮮度のいい常磐ものを昆布じめにして切りつけたもの。淡泊な味わいが、昆布と出合って、まさに端正で味わい深い握りに大変身する。

大寒の頃の乳白色の白子を軍艦巻きに。とろりとして、生クリームのような食感。強い甘みと魚のうま味が豊か。本マグロの大トロに匹敵する冬の花形。

おさかなデータ

山陰、常磐以北の太平洋に生息【タラ科】

旬: 秋から冬

呼び名: 小さいのに「ポン」をつけて呼ぶが、全国的には「タラ」

食データ: 淡泊な味わいから人気は世界的。でも、一番うまい食べ方は、身だけではなく肝も胃袋も入った北国のみそ仕立ての汁。山形県で「どんがら汁」、青森県では「じゃっぱ汁」という

白身

北国の厳しい冬を乗り越えるための活力源

北海道、東北の冷たい海域の「鱈場」と呼ばれる深場に生息。上品な白身で、アラや骨、内臓など、あますところなく入れた汁や鍋で北国の家庭にぬくもりを提供する。また干したものを「棒鱈」といい。京都など日本各地の山間地に送られ「いも棒」など伝統料理の材料になる。本種の価値を左右するのは別名「菊子」「雲子」と呼ばれている白子の有無。魚河岸では腹を開いて白子を出して売られている。

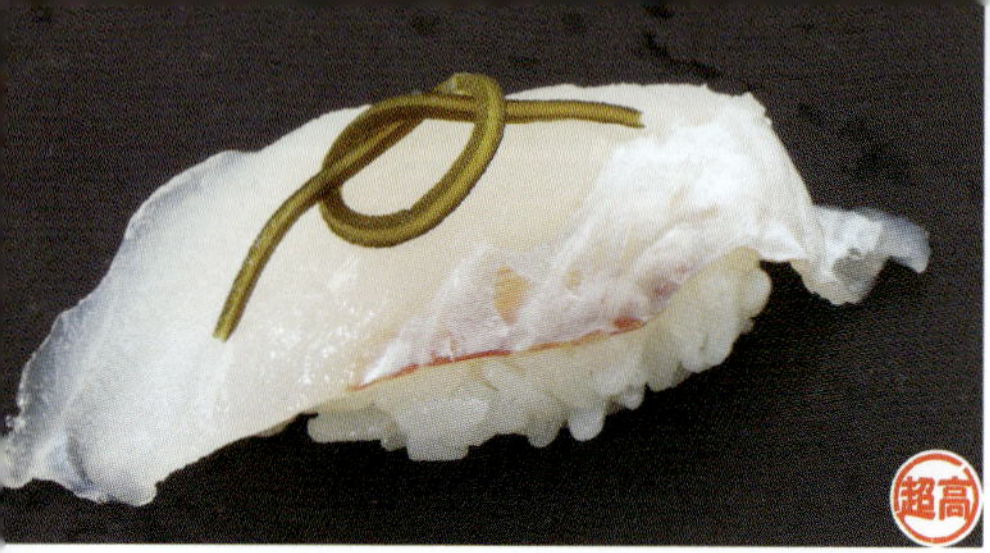

ヨロイイタチウオ

鬚《ひげ》鱈《だら》

タラとは縁もゆかりもない深海魚

底冷えする時季の走り、昆布じめの握り。口に入れた瞬間は昆布の味が勝つが、後からしっかり本種の味わいが浮き上がってくる。東京では古くからの定番ネタ。

おさかなデータ

南日本の深場に生息【アシロ科】

旬: 秋から冬

呼び名: 富山県では、どのような魚の仲間か正体不明なので「ナンダ」。なんとなくあの淡水魚に似ているので「海ナマズ」

食データ: ただ煮ても、ただ焼いてもまずくはないが平凡。昆布を合わせて蒸したり、煮たりするのが常

和名はだれも知らない ヒゲダラといっても 知名度は低い

駿河湾や富山湾以南の深場で体長七十センチ前後になり、アシロ類で唯一流通する食用魚。魚河岸では高級魚とされているが、一般にはほとんど知られていない。ただし値段が高いのは大型のものだけ、小さいものは安い。その理由は、本種の場合ほとんどが昆布じめ用だからだ。三枚に下ろして厚みがあり上質の締まった身がとれる一キロ前後から、値が急激に上昇する。

シラウオ

白魚《しらうお》

江戸時代には徳川将軍家に献上していた

小ぶりの生を軍艦巻きにしたもの。食感のよさ、ほろ苦さが持ち味で、わさびもしくはショウガを薬味に。

鮮度のいいものを冷やした塩水で洗い、束ねて海苔帯で束ねたもの。ぷりっとした食感の後に独特の苦みが感じられて非常に美味な1かん。

おさかなデータ

熊本県、瀬戸内海、岡山県以北に生息【シラウオ科】

旬: 秋から春

呼び名: 全国的に「シラウオ」で通る。ただし「シロウオ」というハゼ科の魚とよく間違えられている

食データ: 生で食べるようになったのは最近のこと。古くは煮るか、吸い物などが普通。卵との相性がよく、とりわけ卵とじは絶品

江戸前が獲れなくなったのは まさに痛恨のいたり

内湾にいて、春は産卵に河口に遡上する、体長十センチ弱の魚。内湾の開発や汚染で、主産地は消費地から徐々に遠くなっている。江戸時代、歌舞伎『三人吉三廓初買』で「月もおぼろに白魚の…」と台詞にある江戸前は、いの一番に将軍家に献上。島根県では宍道湖七珍のひとつにも。ほか、代表的な産地は北海道や青森県、茨城県など。夏場には姿を消し、秋が深まるとネタケースに並びはじめる。

カタクチイワシ

しらす

もともと生で食べる地域は少なかった

今では定番となった生の軍艦巻き。水分が多いので、作ったら素早く食べること。そのコクのある味とホロ苦さに、さっぱりしたすし飯が見事にマッチ。

釜揚げしらすの軍艦。ネギとショウガの絞り汁を合わせたり、マヨネーズを絡めたり。店の工夫が生きる。今回は柑橘類をしぼっただけのシンプルなもの。

おさかなデータ

日本列島沿岸に生息【カタクチイワシ科】

旬: 秋から春

呼び名: 高知では「ドロメ」

食データ: 塩ゆでにし、そのまま水分を切ったものを「釜揚げ」、軽く干したのを「しらす干し」、強く干し主に西日本で作られるのを「ちりめん」という

別名、海の草食動物 大型魚にいつも狙われている

カタクチイワシの稚魚。意外に知られていないが「シラス」は、魚の成長段階を表す言葉。稚魚期は色素がなく透明で、死ぬと白くなるのでこの名がある。様々な魚のシラスが食用になっているが、単に「シラス」というと、本種の稚魚のことになる。獲れる時期は産卵期の春と秋の二回で、漁師さんは「春子」「秋子」という。代表的な産地は愛知県、静岡県、瀬戸内海など。小さいものが高く、すしダネとしても上等。

イカナゴ

玉筋魚《いかなご》

日本各地で春を彩る風物詩

兵庫県明石市名産の「くぎ煮」を江戸前すし職人が中巻きにしたもの。きゅうりと巻き込んだので、後味がさっぱりとしてついつい手が伸びる。

明石海峡に春を告げるイカナゴ漁。

おさかなデータ

北海道から東シナ海に生息【イカナゴ科】

旬: 秋から春

呼び名: 東京では「コオナゴ」、カマスに似ているので「カマスゴ」。九州で「カナギ」。大型を東北で「メロウド」

食データ: 瀬戸内海に春をよぶイカナゴ漁。水揚げされたら、すぐに買い求める人の行列ができる。家庭に持ち帰って作るのが「くぎ煮」という佃煮

小さい方が高く 大きいものは養殖魚のエサに

日本列島の内湾の砂地に生息し、体長二十五センチほどになる細長い魚。暑い夏が来ると砂に潜り込み夏眠する習性があり、ときに寒すぎても砂に潜り込む。春に生まれたばかりの小さいのが湾内に大量に発生し、イワシの子でもない、ブリの子でもない「いかなる魚の子供だろう」で「いかなる子」がイカナゴという名になった。この小さいのをゆでて「釜揚げ」に、ゆでて干して「ちりめん」に加工する。

地図で覚える魚介類

すしダネとなる魚介類には、とても覚え切れそうにないほど膨大な種が含まれる。覚えるには工夫が必要。そこで、私の頭の中の「魚介類地図」を見ていただきたい。

地図は下の方が原始的で、上にいくほど高等になるが、実はこのような動物学的な考え方は無視してもいい。

「このへんにエビがいて、タイはこのあたりにあるんだな」と、ぼんやり当てはめて記憶する。これをスーパーなどで買い物をするときにやってみて欲しいのだ。例えば【ウニの仲間は貝よりも魚に近い】し、【ウニと、エビやカニとは距離があり】、【イカやタコと、エビやカニの距離が近い】。こう考えると、混沌としたすしダネの世界がすっきり見えてこないだろうか?

コウイカ

墨《すみ》烏《い》賊《か》

墨にまみれているのがうまそうに見える

切れ目を入れて一瞬湯に通したもの。すしダネの仕込みの基本的なもののひとつ。透明感が増して、甘みやうま味が増す。

東京では目がとび出るほど高い初夏の新イカ。甘みとうま味はあくまでも淡く、口に入れると柔らかく、あっけないくらいだが、握りとして理想型に近いバランスのよさがある。

おさかなデータ

関東以西に生息【コウイカ科】

旬: 寿命は一年。成長段階すべてが旬

呼び名: イカの中でもっとも味がいいので「真イカ」。頭に見える部分に針があるので「ハリイカ」

食データ: 高級なイカで、一般的には刺身となるが、実は「一夜干しの方がうまい」という人も多い。その通りだと思う

東京湾以西に産地があり 東西で取り扱い方が違う

イカは、貝から進化した生き物。コウイカは貝殻の名残り「甲」を体の中に持っている。比較的暖かい内湾に生息し、産卵期は春から夏で、南ほど早い。産卵後は死んでしまうため、寿命は一年。体に大量のイカ墨を持っていて、興奮すると墨を吐く。関東では墨まみれを喜び、西日本では丁寧に墨を洗い流す。夏、ピンポン玉くらいの新イカにはじまり、寒い時季に最盛期を迎え、初夏に終わる。

カミナリイカ

紋《もん》甲《ごう》烏《い》賊《か》

大型のコウイカで味にもボリューム

肉厚で甘みがほどよく、味にもふくらみがある。おおらかで豊かな味わいで、後味がいいので、ついつい追加したくなる握り。

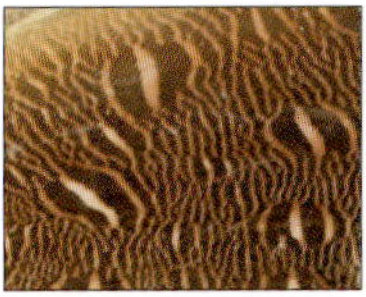

鮮度がいいと体に猫の目状の模様があり、さわると動く。

おさかなデータ

生息域は房総半島以南だが、西日本に多い【コウイカ科】

旬: 秋から春

呼び名: 高知では大きく、味がいいので「真イカ」

食データ: 大型のイカで、煮ると少し硬い。おかずには、バターで焼いて生しょうゆをかけるのがうまい、と土佐の漁師は語る

本来、本種の代表的呼び名「モンゴウイカ」は輸入物の代名詞に

内湾生で外套長三十センチ以上になる、猫目形の紋が特徴の大型のコウイカ。春から初夏に産卵される本種の寿命は一年で、成長は驚くほど早い。関東ではなじみが薄いが、西日本では好んで食べられる。その人気にあやかり、アフリカなどから輸入される大型のコウイカに「モンゴウイカ」と名付けたため混乱が。本来の「モンゴウイカ」は本種のことだと明記したい。

アオリイカ

障《あ》泥《おり》烏《い》賊《か》

イカの中でも味、値段の最高峰

切りつけて肉厚で、ボリュームがある。甘みがあり、そのくせ後味がよい。ほどよい硬さで、すし飯との相性もよく、イカの王様の名に恥じぬ味。

ネタの切りつけをして、さっと熱湯をくぐらせ、はけでさっとつめを塗った。不思議と透明感が増し、うま味が増す。江戸前の伝統的な技が生きる。

おさかなデータ

北海道南部以南に生息【ヤリイカ科】

旬: 大型の旬は晩春から夏。産地によって旬が異なるので一様ではない

呼び名: 植物のバショウの葉に似ているので「バショウイカ」。水のように透明な体なので「ミズイカ」

食データ: 山陰、長崎などで作られている干物は超希少品。隠岐や五島列島まで海を渡って買うだけの価値がある

値段的にも味的にも、大きさでもイカの中のイカ、イカの王様

北海道南部から熱帯域まで広く分布する大型のイカで、重さ四キロ前後にもなる。産卵期が春から秋口までと長いので、年間を通して味のいいものが手に入る。近年、三種類に区分されたが、市場では区別しない。「障泥」とは馬具の泥よけ用布。形がこれに似ているので名前がついた。イカの味の決め手は、甘みを感じるアミノ酸のグリシンの量。本種は、このアミノ酸がトップクラス。

槍《やり》烏《い》賊《か》

寒くなればなるほど味がよくなる冬イカ

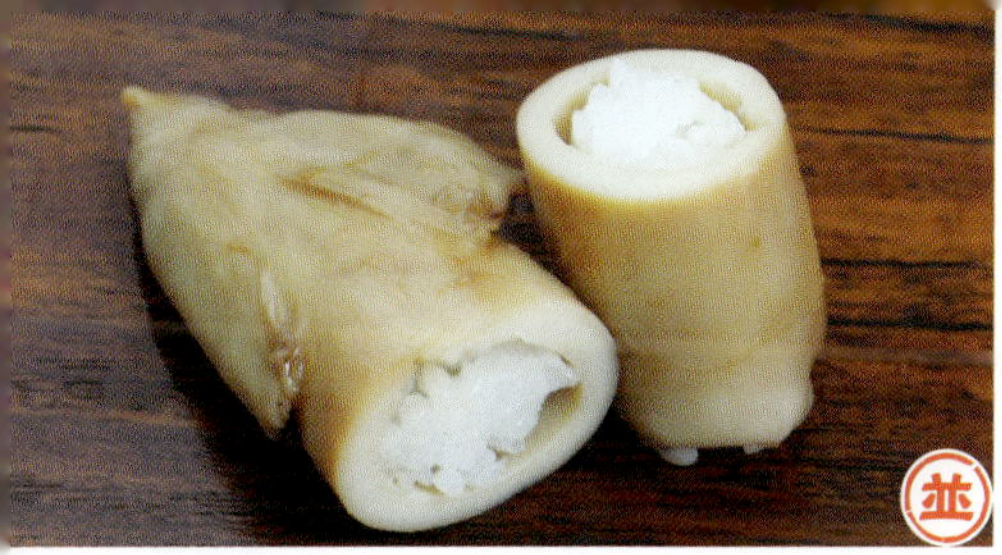

手のひらにのる秋口に入荷した新イカを、煮イカにして、胴の部分にすし飯を詰めた。これを江戸前では印籠という。柔らかく、イカのうま味もあって、小粋な握りだ。

寒い時期の親イカ。コリコリとした食感が特徴。甘みもうま味もほどよく、まことに後味が良い。

おさかなデータ

北海道から九州まで生息【ヤリイカ科】

旬: 秋から春

呼び名: 笹の葉に似ているので「ササイカ」。剣に似ているので「ケンイカ」

食データ: 体の端、左右についている三角形を耳、もしくはヒレという。本種が好きな人が真っ先に食べる部分。ここだけの刺身はコリコリとしてうまいのだ

子持ちの雌、巨大な雄、いろいろな味が楽しめる

百メートル以上の深い沖合で、群れで小魚などを追いかけている。春から初夏にかけて産卵、夏には小イカが見られる。秋から冬にかけて急速に成長。翌春には成熟して産卵。産卵後に死んでしまう。関東では本種が、関西ではケンサキイカが人気がある。夏の小イカのときから様々に調理され、食されている。成長すると雌は小さく雄は非常に大型になる。冬の子持ち、春の大イカと季節ごとの味がある。

ケンサキイカ

剣《けん》先《さき》烏《い》賊《か》

甘みの強さは随一の高級イカ

口に入れた途端に甘みが広がり、ほどよい硬さですし飯とのなじみがいい。甘み、うま味はすし飯と混ざってもありありと感じられ、ほんのりとした甘みが舌に残るのも心地よい。

げそを軽くあぶって握ったもの。生も美味だが、あぶると鼻腔に抜ける甘みを感じさせる香りが楽しめ、げそならではの強い食感に、甘みの強さでインパクトある1かんとなる。

おさかなデータ

青森県以南の日本海、本州中部以南の太平洋に生息【ヤリイカ科】

旬: 産卵期が長いので一年中味のいいものが手に入る。最盛期は夏

呼び名: 山陰などで「白イカ」、関東では「赤イカ」。五島列島周辺に多いので「ゴトウイカ」

食データ: 本種を使ったスルメは非常においしいので一番スルメといい、超高級品で国産物は超レア

主産地は九州北部から山陰。西日本のイカ

ヤリイカよりも暖かい海域に多く、九州、山陰地方で多く獲れ、好まれている。地域によって種が異なるが、山陰では代表的イカという意味の「真イカ」は本種。関東など、日本各地で獲れるものの、比較的西日本に多いイカだ。関東では「赤イカ」、西日本では「白イカ」という。この東西での呼び名の違いと、別にアカイカという和名のイカがいるため、しばしば混乱が起こっている。

雛《ひ》烏《い》賊《か》

江戸時代にはイカの子供と思われていた

小ぶりのものを2尾、2枚づけにしたもの。非常に柔らかく舌の上で、即、すし飯となじむ、淡いがまとまりのいい味わい。

しょうゆ、酒、砂糖の煮汁で短時間煮たもの。皮付きなので見栄えは悪いが、味のよさは天下一品。思わずネタケースの残りを数えてしまう、それほどにうまい。

おさかなデータ

北海道から九州に生息【ヤリイカ科】

旬: 秋から春

呼び名: 一般的には「小イカ」といわれることが多い

食データ: 片手に4～5尾、のるくらい小さいので、普通は丸ごと煮るか、焼く。塩をふり、焼いて、というのがイチ押しかな

小さいので昔はイカの子供だと思われていた

内湾で普通に見られる小型のイカ。江戸時代の書『魚鑑』には「これ雛烏賊《ひいか》なり、即いかの子なり」とあり、イカの子供と思われていたようだ。江戸時代、日本橋にあった魚河岸でも盛んに水揚げされていた。江戸の医師である竹井周作をして「味ひ尤美」とあるように、おいしくて安かったこともあり、庶民の味として人気があったようだ。今でも日本各地で水揚げされ、手頃な値段であることはかわらない。

スルメイカ

鯣《するめ》烏《い》賊《か》

国内でもっともたくさん獲れる

初夏に相模湾で揚がった手のひらほどの麦イカを酒、砂糖、しょうゆで甘辛く煮て、すし飯を詰めた印籠。甘辛く、少々ひなびた味わいに、すし飯の爽やかさがきく。

厚みを半分に切り分け、素麺のように細く切りつけたもの。ややうま味に欠けるのを、素麺状に切ることで味わい深くしている。すし飯とのなじみも絶妙。

おさかなデータ

日本周辺、東シナ海に生息【アカイカ科】

旬: 産卵期が違う３つの個体群があるので年間を通して味がいい

呼び名: イカの代表的なものなので「真イカ」。小さいのを「バライカ」「麦イカ」

食データ: 東伊豆の名物料理に「イカ雑炊」がある。米から煮ることもあるが、基本的に身とげそ、わたを、しょうゆとみりん、鰹節だしで煮て、ご飯を加え、卵を割り込んで混ぜるだけ。寒い日に身体が温まる

イカ釣り船の光が夜の日本海を光らせる

日本列島周辺を回遊している。水揚げ量の多いのは日本海、北海道で、夜、集魚灯を点けておびき寄せ、小魚に似せた疑似バリを使って釣り上げる。この集魚灯の光は、宇宙から見て日本海を明るく浮き上がらせるというのだから、その規模が想像できるはず。本種は大量に獲れることもあり、年間を通して供給が安定し、値段も安値で安定している。古くからのすしダネ「煮イカ」にもっとも適している。

ソデイカ

袖《そで》烏《い》賊《か》

熱帯から暖流に乗って来る巨大イカ

冷凍をもどして握ったもの。分厚く切りつけても柔らかく、ほどよい甘さが感じられる。ボリュームのあるすしダネで、満足感が得られる。

生を薄くそぎ切りにしてつけたもの。少し硬いが、味は決して悪くない。ただ、甘み、うま味ともにイマイチで、上物とはいえない。

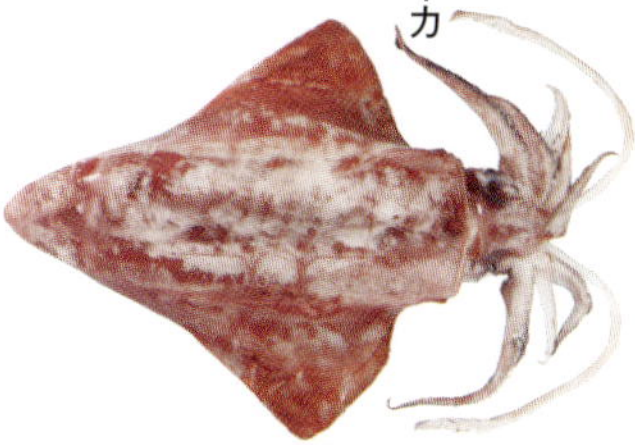

おさかなデータ

世界中の温帯・熱帯域に生息【ソデイカ科】

旬: 年間を通して

呼び名: 沖縄では「セーイチャー」、山陰では「タルイカ」

食データ: あるすし店では、ソデイカの残りものを細かく切り、塩胡椒をしてバターで焼く。仕上がりにしょうゆで味つけ。じゅうじゅうと音を立てているのを、残り物のすし飯にトッピング。「すし屋のまかない丼」のひとつだ

魚河岸に多いイカの名前、それが赤イカで少々やっかい

漁獲量一位は沖縄、次いで山陰・鳥取が産地。体長一メートル以上、重さ二十キロ超の巨大イカ。熱帯から暖流に乗り、本州にまで回遊してくる。驚くことに、これだけ巨大なのに寿命が一年。この巨大なイカが市場に並ぶ光景は壮観。食用イカとしては平凡なもの。生で食べると硬いが、一度冷凍するとやわらかく美味に。流通上は「赤イカ」と呼ばれ、すし店などでも「ソデイカ」では通りが悪い。

ホタルイカ

蛍《ほたる》烏《い》賊《か》

日本海に春を告げる光を放つイカ

コロコロとふくらんだ上物を海苔帯で留めた。手間いらずで客に出すのを躊躇する職人もいるが、こっくりと味が濃く、すしダネとして上々である。

古くは丸で握っていたが、現在では内臓をのぞいてつける。小さいイカではあるが、皮付きなので味わい深い。柔らかいのですし飯との相性もいい。

おさかなデータ

本州以北、オホーツク海に生息【ホタルイカモドキ科】

旬: 春

呼び名: 古くは肥料にも使われたので「肥イカ(こいか)」「マツイカ」

食データ: 山陰から三陸までの港で水揚げされ、釜ゆでし出荷される。各港にゆで名人がいて、味自慢がある

日本海の春の風物詩 光るイカは 観光資源でもある

日本列島を囲むように生息している小型のイカ。発光物質を持っており、光るのが特徴。和名は、明治期に動物学者の渡瀬庄三郎博士がつけた。産地では「コイカ」「マツイカ」などと呼ばれていたが、今では標準和名の方が一般的。春先に山陰から獲れはじめ、富山湾で揚がる時期が最盛期。旋尾線虫という寄生虫が発見されたため、内臓を取らないと生食は不可に。

米《べ》烏《い》賊《か》

瀬戸内海にいる小さな高級イカ

鍋につきっきりでほどよくゆであげ握ったもの。柔らかく、内臓にうま味があり、すし飯との相性が抜群にいい。後味がいいので、いくらでもつまめる絶品の握りである。

岡山県など産地にいかないと食べられないのがベイカの生。小さいわりりに甘味が強く、皮ごとつけると食感もいい。

瀬戸内海で伝統的な四つ手網で獲る

内湾の淡水が混じり合う水域にいる小型のイカ。四つ手網や小型の定置網で獲る。瀬戸内海周辺は小型の魚介類をおいしく食べる文化がとても発達している地域で、春の本種もごちそうのひとつ。すしダネとしても重要で、岡山などでは軽くゆで、海苔帯を使って出してくれる。

おさかなデータ

瀬戸内海、有明海、東シナ海に生息【ヤリイカ科】

旬:	春から初夏
呼び名:	「チイチイイカ」「ベコ」とも
食データ:	春に出る山椒の芽と酢みそと合わせるのが瀬戸内流。本種の木の芽和えはひな祭りにも食べられる

コブシメ

大《く》墨《ぶ》烏《し》賊《め》

コウイカ類では日本一巨大

巨大なので、硬そうに思っていると意外に柔らかい。大味に思えて、実は端正でほどよい甘みがある。熱帯の上ネタのひとつ。

おさかなデータ

九州南部から琉球列島に生息
【コウイカ科】

旬: 夏から秋
呼び名: 沖縄八重山で「クブシミヤー」、宮古で「クブシミヤ」
食データ: 墨がたくさんとれるイカ、というのが名前の由来。沖縄名物がイカの墨汁。真っ黒な汁で島唐辛子で作ったコーレーグスを入れて食べる

雌をめぐり闘う大岩のようなイカ

サンゴ礁に暮らす大型のイカで、水温の下がる時期に産卵する。雄は縄張りを持ち、雌をめぐって盛んに闘いをいどむ。沖縄では名物のイカ墨汁にすることが多いが、刺身の味わいも甘みがあり美味。沖縄、奄美のイカは本種とアオリイカとソデイカの三種。アオリイカとともに上ネタでもある。

蛸《たこ》

今でも江戸前東京湾が一番だ?

国産の市販のゆでタコ。今ではすし店でゆでることは希。国産はタコ独特の香りが強く、ほんのりと甘い。強い食感でありながら適度にかみ切ることができ、すし飯となじむ。

しょうゆ味で甘辛く味つけした桜煮。甘辛く、タコのうま味も感じられて、こっくりした味わいが、すし飯の酸味、甘みと絶妙にからむ。

おさかなデータ

茨城県、能登半島以南に生息【マダコ科】

旬: 味は冬、漁最盛期は夏

呼び名: 全国的に「タコ」「マダコ」だが、日本海ではあまり獲れないので「イシダコ」とも

食データ: いちばんうまい食べ方は、兵庫県明石市名物の卵焼き。卵たっぷりのたこ焼きの原型。卵とタコは抜群に相性がいい

国産はどんどん高級に どんどん貴重に

比較的暖かく、岩が多い海域に生息している。好物はイセエビをはじめとしたエビやカニ。産卵期は初夏から秋。生み出した卵が藤の花を思わせる姿から「海藤花《かいとうげ》」という。雌は卵を保護する。蛸壺漁や釣りで獲る。多くは水揚げ港でゆでて出荷。そのため、一般的に見かけるのはゆでたもの。ゆであげた色合いが、モーリタニアなどのアフリカ産は赤く鮮やか、国産は小豆色でくすんでいる。

ミズダコ

水《みず》蛸《だこ》

大きさは世界一、魚河岸に並ぶ足もデカイ

足だけになって入荷したものを刺身に。まだ筋肉は生きている状態で切りつけても、すし飯の上でゆっくり動く。生らしい味わいに、強い食感。柑橘類と塩がおすすめ。

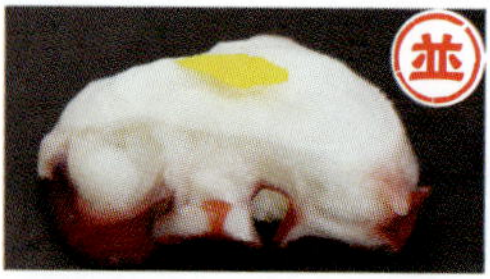

市販のゆでだこ。確かにマダコほどうま味も甘みもないが、柔らかく、みずみずしい。しょうゆよりも柑橘類と塩が合うというすし職人も多い。

おさかなデータ

日本海、相模湾以北の太平洋に生息【マダコ科】

旬: はっきりしない

呼び名: 世界一大きいので「オオダコ」

食データ: 短時間で火が通るので定番料理に「しゃぶしゃぶ」がある。昆布だしをとり、そこでしゃぶしゃぶして、ポン酢で

魚河岸でマダコよりも幅をきかせる北国のタコ

寒冷な水域にいる全長三メートル以上になる巨大なタコ。マダコが少なくなった今では、国産ダコのエース的な存在。釣り、カゴ漁、箱漁などで獲るのだが、巨大なため漁は格闘技のよう。ゆでたものが流通するマダコに対して、生鮮品としての流通も多い。水っぽく大味とされているが、その分柔らかく、鍋物や、刺身、カルパッチョに使われる。味わいがあるので、生鮮品は高値で取引されている。

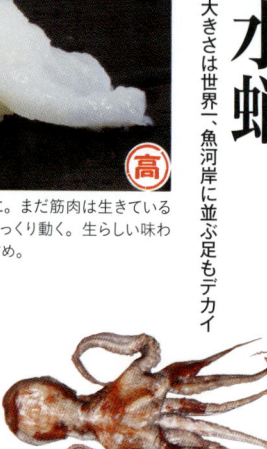

飯《いい》蛸《だこ》

本体よりも飯粒に似た卵が重要？

江戸風に甘辛く煮た雌。すし飯とのなじみの悪さが欠点だが、飯の甘さとほくほく感、身の食感が極めつき。

雄の桜煮。身自体の味わいは、こちらの方が上。飯ほど目立たないが、白子もほんのり甘い。

イイダコの目印は肩にある金色のリング

おさかなデータ

北海道南部以南に生息【マダコ科】

旬： 秋から春

呼び名： 雌が主役なので「子持ちダコ」「イシダコ」とも

食データ： なんといっても、おでんに入ったイイダコは別格。じっくり煮て柔らかく、しょうゆ味がきいて、熱燗のアテにたまりません

主役は子持ちの雌で値段も雄よりも遙かに高い

内湾の浅場に普通の小型のタコ。広げた腕の左右に、金色のリングをつけてなかなかお洒落である。エサは内湾の砂地などにいるバカガイやアカガイなど。貝殻を見つけて隠れる習性を利用し、貝殻を蛸壺のように使った、縄文時代から伝統の漁がある。底引き網などでも獲れる。産卵期は春。子持ちの獲れる冬から春が漁の最盛期。代表的な産地は瀬戸内海や愛知県など。基本的に煮たものをつける。

国内から覚えていこう、ブランド魚介類

名産、名品の地図、全部は書き切れない

ロシアからウニとカニ、サケ類は南米チリ・北欧、エビやアワビは世界中から輸入している。養殖ものも増え、地域性が徐々になくなりつつある。

それでも東西南北に長い日本列島の魚介類は豊かで種類が多い。

なかでも地名をつけて語られるもの。例えば**閖上のアカガイ、三河湾のトリガイ**に**羽田のアナゴ、常磐のカレイ、淡路島のアジ**などがある。ブランド化された**島根県浜田市のどんちっちアジ、大分県佐賀関の関さば、熊本県天草の黄金のハモ**がある。

たくさん獲れる地域、あまり獲れないけど味がいいので有名な場所。名物、名産を地図で見るとわかる。「日本列島の水産物は豊富で味がいい」。

※赤字は各地のブランド魚

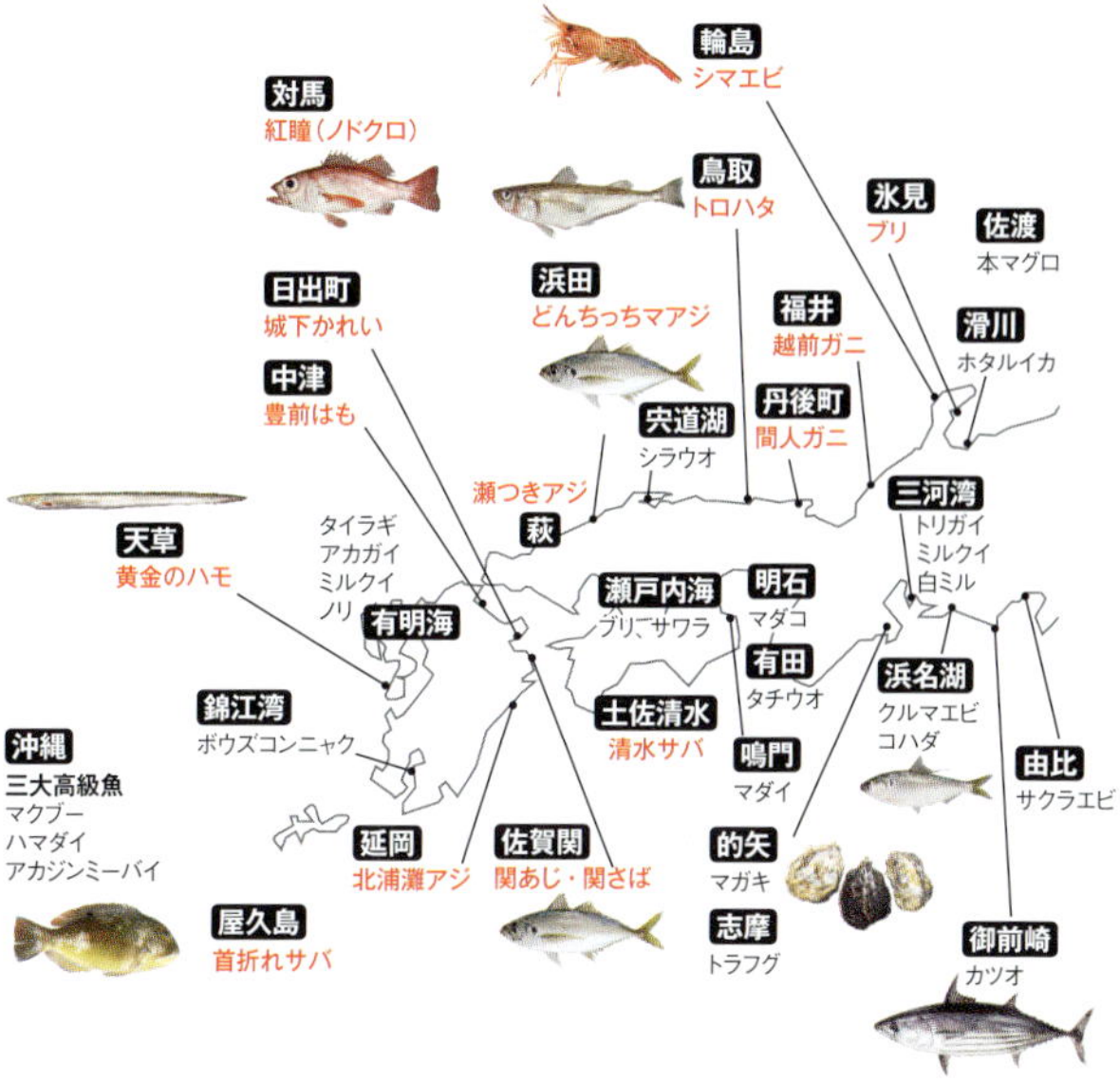

アカガイ

赤貝《あかがい》

赤い色合いの強いものほど上物

口に入れた途端に強い甘みがあり、独特の渋みを伴った味が口中に広がり、貝らしい風味が鼻腔を抜ける。ほどよい硬さですし飯との相性も抜群。

甘みの強さは本体と変わらず、その上コリコリとした心地よい食感が楽しめる。常連客がいの一番に探すすしダネだ。

片方の貝殻にある筋の数が42本前後。

おさかなデータ

北海道南部から東シナ海に生息【フネガイ科】

旬: 冬から春

呼び名: ほ乳類と同じタイプの血液を持っているので「血ガイ」、小さいとき藻などにからまるので「藻ガイ」

食データ: 江戸で貝を売り歩くのを「棒手振（行商）」といった。売っていた中でもっとも高価なのが本種で、定番は酢の物

栄養分の豊富な内湾で育つ美味な玉 赤みが強いのが上物

内湾の栄養豊かな場所に見られる二枚貝。産卵期は初夏から夏で、孵化すると浮遊生活をし、海藻などにからみつく。成長しても、この藻にからめた糸は残る。市場では「玉」、「本玉」。「検見川《けみがわ》」は千葉市検見川に大量に集められたため。本場東京湾では今やほとんど獲れず、代表的な産地は宮城県閖上《ゆりあげ》を最上とし、三河湾、瀬戸内海、大分県など。韓国、中国などからの輸入ものも多い。

佐《さ》藤《とう》貝《がい》

場違いの「ばち」なんて言わせないうまさ

九十九里産の生きのいいのを握ったもの。甘みが強く、シコッとした食感が心地よい。貝らしい風味もほどよく、すし飯とのなじみもいい。

ひもの味も抜群である。コリコリと歯ごたえがよく、甘みが真っ先にきて、味わい深い。すし飯の甘さ、酸味との相性もいい。

片方の貝殻にある筋の数が38本前後。

おさかなデータ

千葉県九十九里、山陰から九州に生息【フネガイ科】

旬: 冬から初夏

呼び名: なぜか「ジジイガイ」「マスガイ」とも

食データ: アカガイよりも安いのは身の赤みの弱さゆえ。味はとてもいいので、アカガイ同様刺身がいちばん

標準和名のサトウはアーネスト・サトウから

江戸の街に近い江戸湾で獲れるアカガイを「本玉」と呼ぶのに対し、外洋に面した九十九里などで獲れる本種は、場所が違うので魚河岸では「場《ば》違《ち》」「ばち玉」などと呼ばれる。幕末、日本に来て明治維新に重要な役割を果たしたイギリス人外交官、「アーネスト・サトウ」に学名も和名も献名。後に日本名「佐藤」を名乗ったので、漢字では「佐藤貝」となる。味的には「本玉」にまさるとも劣らず。

バカガイ

青柳《あおやぎ》

強い風味と苦みで好き嫌いが分かれる

軽く湯引きしたもの。身の先がぴんと突き上がっているのをよしとする。強い甘みに、渋みとも苦みともとれる独特の味わいがある。これをたまらない味とする人と嫌う人がいる。すし飯の甘さ、酸味との相性が非常にいい。

2個ある貝柱の大星を生で軍艦巻きに。味わいは身に近いが、コリコリとした独特の歯触りが心地よい。貝をむくのは古くは東京湾ならではの技だったので、江戸前を代表するネタ。

おさかなデータ

北海道から九州に生息【バカガイ科】

旬: 冬から春

呼び名: 古くは船だまりにいたことから「ミナトガイ」。「キヌガイ」「サクラガイ」とも

食データ: 実は干物がバカにうまい。木更津などでは「目刺し」、九州では「絹貝」などという。軽くあぶれば香ばしく、濃厚なうま味がある

バカと言わないで欲しい江戸前の味

内湾の浅い干潟や砂地にいる。東京の魚河岸などでは、もっぱら「青柳」と呼ばれる。これは千葉県市川市の地名で、このあたりでたくさん獲れたため。標準和名の「バカガイ」は千葉県内房での呼び名。トレイにむき身が四枚、これが市場での流通の形だ。活け、貝殻つきのものもあるが、これは安定してあるものではない。職人はこのむき身をチョンチョンと触って、活きの良さを確かめて買う。

アラスジサラガイ

白《しろ》貝《がい》

昔はホッキガイ漁の混ざり物だった

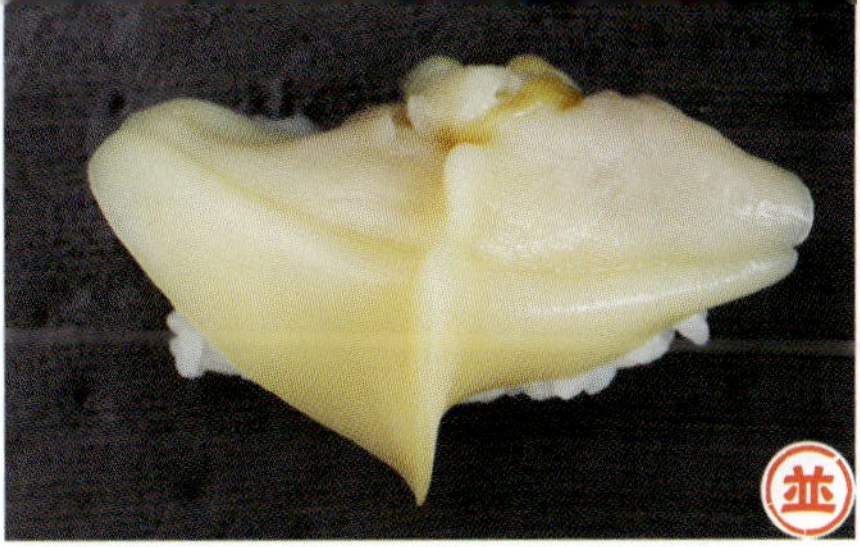

やや彩りに欠けるが、貝独特の風味やクセが弱く、甘みやうま味もほどほどなので、好き嫌いがでない。ほどよい食感が楽しめ、すし飯との相性も抜群にいい。

おさかなデータ

北陸、銚子以北に生息【ニッコウガイ科】

旬: 冬から春

呼び名: 北陸では「マンジュガイ」

食データ: 産地でのおすすめ料理ナンバーワンが野菜炒め。中華料理のプロがびっくりするほどのおいしさ。安い貝なので一度お試しを

主に古くは産地で消費されていた陶器を思わせる貝

関東でもっぱらシロガイと呼ばれるこの貝は、実は一種類ではなく、本種の「アラスジサラガイ」と「サラガイ」の総称である。ただし、すしダネとしてはより大きくなる本種の方が使いやすい。主産地は北海道、浅い砂地に生息している。古くはホッキガイ漁のときに混ざるもので、産地で消費されていたようだ。そのため、ホッキガイの産地では朝昼晩の食卓に本種が上ることもあったよう。

ハマグリ
シナハマグリ
チョウセンハマグリ

蛤《はまぐり》

標準和名の〝ハマグリ〟は幻の味

シナハマグリ

大型の中国産ハマグリを使ったもの。やや控えめの味つけで、柔らかく、調味した以上、貝自体の甘みがある。この甘みがすし飯と合わさると、なんともいえずうまい。

おさかなデータ

ハマグリ：北海道南部から九州に生息【マルスダレガイ科】
シナハマグリ：朝鮮半島西岸から中国大陸に生息【マルスダレガイ科】
チョウセンハマグリ：日本海西部、鹿島灘以南に生息【マルスダレガイ科】
旬： 冬から春
呼び名： 地方名がほとんどない。東京の婦人言葉に「御」をつけて「オハマ」というのがある。また「ぐれはま」というのはハマグリの貝殻は反対にすると合わないことから、話が合わないことをいう。「ぐれる」の語源でもある
食データ： ひな祭りにはなんといってもハマグリのお吸い物。澄んだ汁に濃厚なうま味

江戸時代から高価な二枚貝だった

東京湾に面した縄文時代の貝塚から大量に見つかるのが標準和名〝ハマグリ〟の貝殻。内湾の干潟にも多く、簡単に獲れたため、古代からの重要なタンパク源であった。これが干潟の乱開発や汚染で徐々に姿を消し、現在国内ではほとんど獲れない。

　ここで俄然注目を浴びたのが「場違ハマグリ」と呼ばれ、古くは安かったチョウセンハマグリ。ハマグリが内湾にいるのに対して、「場違い」の外洋に面した波打ち際「汀線《ちょうせん》」にいる。貝殻が厚く、大味といわれていたが、今や「地ハマ」と呼ばれて、超がつくほどの高級品となっている。

ハマグリ
国産のものから大きいのを選んで漬け込んだもの。柔らかく貝らしい風味もある。しょうゆのうま味に貝のうま味と合わさり、柔らかくすし飯と渾然一体となったときのうまさは別格。

チョウセンハマグリ
鹿島灘産の地ハマ。漬け込んでもほどよい食感があり、これが持ち味。古く「場違(ばち)」などと言っていたことが信じられないうまさ。

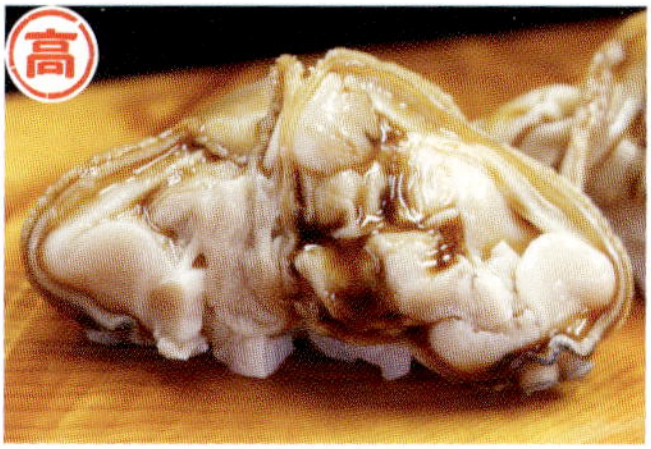

ただし前二種の国産の漁獲量はそんなに多くない。それを補っているのが台湾のハマグリや中国、韓国などから輸入しているシナハマグリだ。今や単にハマグリといったらシナハマグリのことと考えていい。

ハマグリの値段を決めるのは産地でも種類でもない、大きいほど高い。一つで一かんのすしダネとなるのだが、このサイズが実に希少。魚河岸でもすしダネ用のハマグリを扱っている店は少なく、上物だけを扱う店にのみ置かれている。

原則的に生では握らない。ゆでたものを甘辛いタレに漬けるので、ハマグリの仕込みを「漬け込み」と言う。ゆですぎると硬くなり、生でもダメ。職人技の生きるすしダネだ。手間がかかり、原価が高いので煮ハマグリを置くという店は少なく、間違いなく高級店である。江戸時代以来の江戸前の味を楽しむのは非常に難しいのだ。

ミルクイ

海《み》松《る》貝《がい》

大きな貝なのに水管しか使わない贅沢

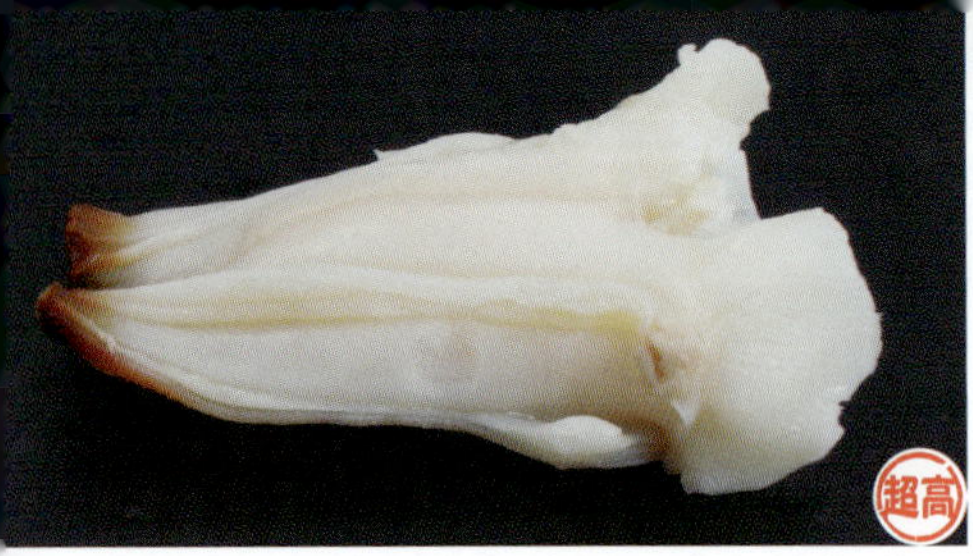

すしダネの先、すなわち水管の出入り口の部分が赤紫に染まって美しい。食感がほどほどに強く、甘みと貝独特のうま味、風味が豊富。すし飯とのなじみ、相性も非常によい。

ヤマナリアメリカミルクイ【バカガイ科】（写真上）
カナダ、アメリカから輸入されているのはアメリカミルクイとヤマナリアメリカミルクイの2種。

おさかなデータ

北海道から九州に生息【バカガイ科】

旬： 冬から春

呼び名： 長い水管を人の腕と見て「ソデフリ」。「モンジュガイ」「ミルクガイ」とも

食データ： すしダネで使うのは水管の部分だが、実は貝柱、足、ひもなどの部分も食べられる。捨てないで欲しいものだ

内湾にいる貝の中でも別格の大型種

内湾の浅場に生息し、長さ二十センチ、重さ二キロにもなる大型の二枚貝。巨大な水管が特徴で、ここに海藻などを生やしている。これを見た人が、ミル（海藻の一種）を食べているのだろう、と思い込み「海松食」となった。実際に食べているのは海に漂う有機質で、すしダネに適したサイズ、十五センチを超えるには十年近くかかる。すしダネになるのは水管のみ。水管は、ゆでてザラザラした皮をむいてからつける。

ナミガイ

白《しろ》海《み》松《る》

古くは代用品だけど、今やそんなに安くない

すしダネとしてはやや色合いが単調。うま味や甘みも平凡だが、クセのない、万人向きの味で、手軽な値段もあって握りにはファンが多い。

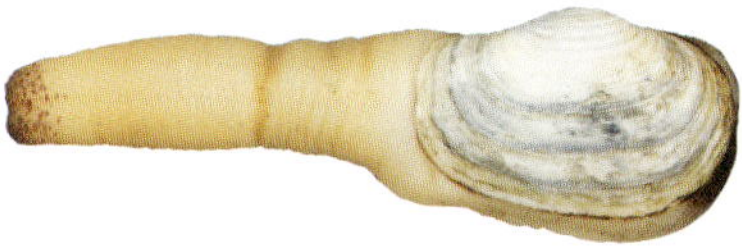

おさかなデータ

北海道から九州。近縁種は北半球太平洋に広く分布【キヌマトイガイ科】

旬: 冬から春

呼び名: 古くは「オキナノメンガイ」と呼ばれていた

食データ: 生や湯引きよりも、焼いたり干したりしたものの方が味がいい、という料理のプロは多い。確かに干物は絶品

水管はどこまで伸びるのか 砂に深く深く潜り込んでいる

「シロミル」として流通するものには「ナミガイ」と、カナダやアメリカなどから輸入されている「アメリカナミガイ」の二種がある。どちらもミルクイとは縁もゆかりもない。アマモなどの生える内湾の砂地などに深く潜り込み、長い水管を海底に出して、浮遊する有機質をエサとしている。重さ一キロ以上になる大型の貝で、体のほとんどが薄くて小さな貝殻から飛び出すという不思議な姿をしている。

トリガイ

鳥《とり》貝《がい》

黒いほど値段が上がる

三河湾産を開いて湯引きにしたもの。熱を通すことで甘みが増し、薄いのにシコッとした食感が強く、後々うま味が満ちてくる。すし飯との密着度も高く、酢との相性もよい。

トリガイとんぼ軍艦巻き

すしダネにとはならない小ぶりのトリガイの足を「とんぼ」という。三河湾、東京湾ではこれを甘辛く煮る。これをつけたものが「とんぼの軍艦巻き」だ。

おさかなデータ

北海道を除く日本各地に生息【ザルガイ科】

旬: 春と秋

呼び名: 足(身)の形から「キツネ」、貝殻の形から「チャワンガイ」

食データ: 産地では、小さなものはゆでて酢みそで食べる。これを「トンボ」などと呼び、絶品である

ときどき大発生し突然いなくなる内湾生の貝

内湾の砂と泥の入り交じった浅場にいる、十センチ前後の貝。すしダネには、砂に潜るときに使う「足」の部分を使う。これが鳥のクチバシ形をしているのでこの名がある。国内での産地は三河湾や瀬戸内海。東京湾で獲れるのは小ぶりが多くなり、猛暑の夏には大量に死んでしまうなど漁獲は不安定。最近では中国や韓国などからの冷凍輸入を目にする機会も多い。回転ずしで使われるのは当然輸入もの。

エゾイシカゲガイ

石《いし》垣《がき》貝《がい》

入荷量の少ない知る人ぞ知る高級貝

生でもいいが、これは軽く湯引きにしたもの。ぷっくりと肉厚の身で甘みが強く、貝らしいうま味に満ちている。心地よくかみ切れて、すし飯とよくなじみ、甘さの相乗効果を生む。

おさかなデータ

茨城県鹿島灘からオホーツク海に生息【ザルガイ科】

旬: 秋

呼び名: 魚河岸では「カゲ」を「ガキ」と間違ったようで「イシガキガイ」

食データ: 1個数百円もする高級貝なので少々もったいない気もするが、実はバター焼きがうまいのだ

天然ものよりも養殖ものが目立つ

比較的寒冷な水深十〜百メートルの砂地にいる二枚貝で、獲れる量は少ない。古くから東京の魚河岸では、味がよく、すしダネにしてもキレイなので人気が高かったが、入荷量の少なさにマイナーな存在だった。これが職人さんに認知されるようになったのは三陸の岩手県陸前高田市広田湾などで養殖されるようになったため。甘さと肉厚な身、ほどよい食感、惚れ込んで使うすし職人の気持ちが否応なくわかる。

ホタテガイ

帆《ほ》立《たて》貝《がい》

今や輸出も盛んな北国の貝。昔は高かった

中の貝柱の握りは今や定番的なもの。甘みが強く、分厚く切りつけても柔らかいので食べやすい。すし飯の甘み、酸味とのなじみが非常によいのも特徴。

こっくり甘辛く煮て握ったもの。貝の甘みに砂糖、酒などの甘みが加わり、しょうゆのうま味まで加わり、濃厚なすしダネに、すし飯の酸味がいい。

おさかなデータ

東北以北に生息【イタヤガイ科】

旬: 秋から初夏

呼び名: 秋田県ではあまりとれないのだが「アキタガイ」とも

食データ: 別名「ベビーホタテ」という、大きさ4～10センチほどの稚貝が入荷してくることも。これらは酒蒸し、みそ汁など、小さくてもとてもうまい

古くは貴重な貝で高級品だった

北国の浅い砂地などに生息する、直径二十センチにもなる大型の二枚貝。砂地でたくさん獲れたかと思うと、同じ場所には全くいなくなる。移動が速いので、きっと片方の貝殻を帆にして海流にのって移動するのだろう、と「帆立貝」となった。「ヒモ」と呼ばれる外套膜の部分に黒い点が無数に散らばるが、これは光などを感知する目。外敵が近づくと、この目で認識して、貝殻を閉じるときの水流で逃げる。

ヒオウギガイ

緋《ひ》扇《おうぎ》貝《がい》

北国のホタテ、南のヒオウギ

軽くあぶったもの。口に入れた途端に広がる甘さ、濃厚なうま味、心地よい食感。これにすし飯のほどよい酸味がくる、この調和のとれた味わいが絶品。

おさかなデータ

房総半島から沖縄に生息【イタヤガイ科】

旬: 春

呼び名: 刺激を加えると貝殻を開けたり閉じたりするので「パタパタガイ」「アッパッパガイ」

食データ: 貝殻のまま焼いたら絶品。甘みがあり、貝らしい風味に満ちている。残念なのは、貝殻の色が落ちてしまうこと

主に西日本で養殖されている美しすぎる貝

比較的暖かい海域の岩場などに生息。貝殻を開閉して泳ぐこともできる。この貝の特徴は、個体によって赤や紫、オレンジに黄と色が違っていること。自然界のものよりも養殖されたものの方が色が強い。この色とりどりの貝を並べると豪華絢爛に思える。魚河岸には紀伊半島、山陰、四国、九州などで養殖されたものが並ぶ。きれいだし、おいしいので正月用に、またお歳暮などにも送られる。観光資源としても人気が高い。

平《たいら》貝《がい》

貝殻は大きな三角定規のよう

大きな貝殻を閉じるためか、身がしまり、シコっと食感が強く、独特の苦みと風味が感じられる。うま味、甘みが強いのに後味がいい。

リシケタイラギ
貝殻の表面に棘が無数にある。

タイラギ
貝殻の表面に棘がない。

おさかなデータ

日本海中部、福島県以南に生息【ハボウキガイ科】

旬: 春

呼び名: 水中の砂の中に突き刺さって、水中に立っているようなので「タチガイ」

食データ: 産地では貝柱だけでなく「びら」というヒモや小さな方の貝柱も好んで食べる。刺身はシコシコしてうまい

大きな貝殻なのに貝柱はそんなに大きくはない

すしダネの「タイラガイ」は、タイラギとリシケタイラギの二種の総称。前者は貝殻の表面がなめらかで、後者には無数の棘《とげ》がある。両種は内湾の水深三十メートルほどの砂泥地に、とんがった方を突き刺し、無数の紐状のもので海底につきささり生息。流通する三十センチ前後になるには孵化後五年以上かかる。三河湾、瀬戸内海や有明海が産地だが、年々獲れなくなっており、養殖も試みられている。

オオミゾガイ

大《おお》溝《みぞ》貝《がい》

ブレイク目前、北国の大きな貝

常に水管（写真下）と足（身、写真上）の2かんで味わいたい。どちらも甘み、ほどよい貝の風味があるが、水管部分の方の食感が強い。上品な味わいにすし飯がからんで、飽きのこない握りだ。

おさかなデータ

東北以北に生息【ユキノアシタガイ科】

旬: 春と秋

呼び名: 地方名はない

食データ: 産地である北海道では、地元の人たちがこっそり食べていた美味な二枚貝。北海道ではなんといってもバター焼きがうまいという

貝

ホッキガイ漁に混ざり獲れる。とてもおいしいが知名度が低いのでお買い得

水温の低い北国の砂地などに生息する、長さが十五センチを超える大型の二枚貝。和名は、明治期の貝類学の父である岩川友太郎が命名。本種の属するユキノアシタガイ科では、国内で唯一の食用貝。北国のホッキガイ漁に混ざって獲れ、以前は主に地元で消費されていた貝がある。この中には美味なものが多く、ローカルな存在から全国的なものになりつつある。本種も人気上昇中。

ウバガイ

北《ほっ》寄《き》貝《がい》

ホタテとともに北国を代表する貝

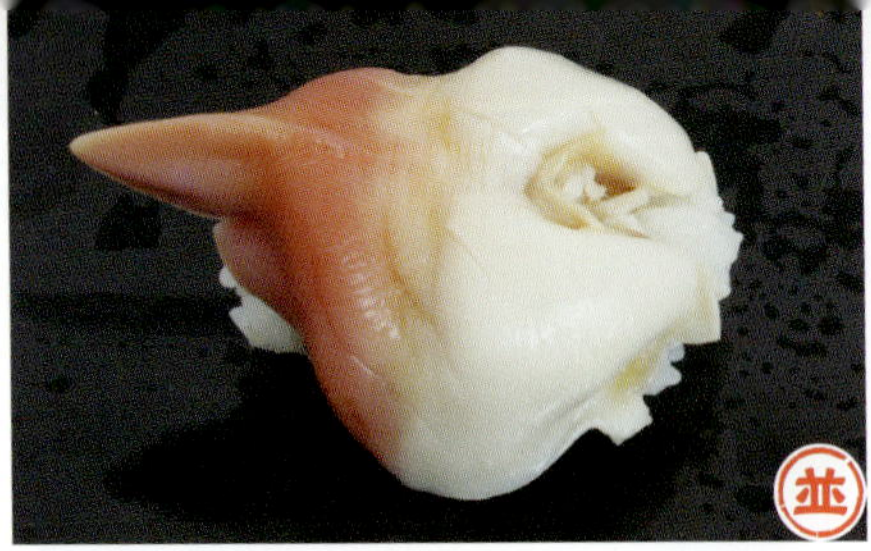

ゆでると足の先の部分が薄紅に染まる。見た目にも美しく、すし飯の上にのせて形がいい。甘みも増すようで、すし飯とのなじみもいい。

見た目は決してよくないが、生にしかない風味と、ほどよい甘みがあり、独特の食感がすし飯と合わさって心地よい。

おさかなデータ

茨城県鹿島灘以北、日本海北部以北に生息【バカガイ科】

旬: 冬と産卵期の夏を除く、秋から春

呼び名: 丸みを帯びているので「ドンブリガイ」

食データ: 福島県では混ぜご飯、炊き込みご飯も有名。子供達はカレーがおいしいという

古くから北国では貴重な味覚だった

東北・北海道の浅い砂地に生息している。貝殻の長さが十センチを超え、丸く重いので砲丸投げの球のよう。貝殻の表面を覆う皮は、大型になるほど真っ黒くなる。北海道が漁獲量の日本一で、室蘭にある「母恋《ぼこい》」という地名は、アイヌ語で「ホッキガイがたくさん獲れるところ」という意味。大きく貝殻が黒いほど値段が高い。逆に薄茶色で小さいものは味がよくても値は安い。北海道苫小牧産が有名。

ナガウバガイ

北《ほっ》寄《き》貝《がい》

正しくはカナダホッキ？ 握りにサラダに大活躍

見た目がとてもきれいで、ほどほどに貝らしい風味と甘みがある。国産の活けと比べないならすしダネとして優秀である。

サラダの軍艦巻き。刻んだ本種とマヨネーズを和え、濃厚でプチプチするカラフトシシャモの卵を加えたもの。ベースとなったマヨネーズの味わいがマイルドで、ほの甘く、お安いのにゴージャスな味わい。すし飯との相性も抜群にいい。

おさかなデータ

国内では千葉県銚子以北に生息。ベーリング海、アラスカ、カナダからアメリカの東海岸に生息【バカガイ科】

旬: 冷凍なので年間を通して

呼び名: 「カナダホッキ」。英名は「Surf-clam」

食データ: 「ホッキサラダ」は軍艦巻きだけじゃなく、一般家庭にも登場。空前のヒット作

北アメリカを代表する大型の食用貝。国内でも獲れるが非常に少ない

三陸などでも揚がるが、カナダや北アメリカ産が主流。砂地に生息する大型の二枚貝で、ホッキガイ(ウバガイ属ウバガイ)とは属が異なるナガウバガイ属。主にむき身で輸入され、これを加工したものが流通する。すしダネを始め、海鮮サラダ、また混ぜご飯などにも使われ、単にホッキというと外食では本種であることの方が多い。回転ずしなどで、赤みの強い握りを見たら間違いなく本種。

アゲマキ

揚巻《あげまき》

干潟の減少、乱開発で国内産はほとんどない

ゆでて、甘辛いたれに漬け込んだもの。ツメを塗るのが基本形。柔らかく、足やヒモだけではなくワタの味も絶品。貝らしい甘さにすし飯の酸味と甘みが格別。

おさかなデータ

瀬戸内海から九州に生息【ナタマメガイ科】

旬: 春から夏

呼び名: 形から「カミソリガイ」「ヘイタイガイ」「チンダイガイ」

食データ: 岡山名物に「ばらずし」がある。別名「祭りずし」。たくさんの具をのせることで有名だが、このすしにはなくてはならない具

国内産は今や瀕死の状態 ほとんどが韓国産

瀬戸内海や有明海などの干潟にたくさんいた。本来、西日本を代表する食用貝だったが、流通の発達から全国的に。今では、国内産はほとんど消滅状態になり、韓国などからの輸入ものが頼りとなっている。内湾の干潟がまだ豊かだった頃には安くておいしい貝だったと思われるので、まことに残念。放棄した農地が無数にあるのに、干拓など自然破壊が未だに進行中であることを思い出させてくれる貝でもある。

オオマテガイ

大《おお》馬《ま》刀《て》貝《がい》

瀬戸内海に多く、特に山口県産が有名

軽くゆでた足を開いて握ったもの。ツメがとても合う。身に甘みがあり、後味が上品。ほどよい硬さですし飯とのなじみもいい。

水管の部分を2本束ねて海苔帯で止めたもの。心地よい食感と甘みがあって、しかも貝特有のくせがない。

おさかなデータ

房総半島から九州に生息【マテガイ科】

旬: 春

呼び名: 魚河岸では単に「マテガイ」。「カミソリガイ」「コクラマテ」とも

食データ: 砂をよく吐かせてから、強火で貝殻ごと焼くのが最上の食べ方。焼いたときの香りだけでもごちそうだ！

干潟に生息するマテガイは魚河岸には少なく、本種が主流

浅場に多く潮干狩場などで獲れるマテガイに対し、本種は沖合にいる「ずんぐりと太ったマテガイ」といった風情。山口県では潜水漁で獲っている。魚河岸に来るマテガイ科は、本種、マテガイ、アカマテガイ、エゾマテガイの四種。なかでも群を抜いて本種が多いため、最近では魚河岸で「マテガイ」というと本種か、縁もゆかりもない輸入もののアゲマキが出てくる。

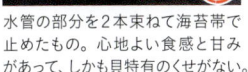

マガキ

牡蠣《かき》

今や世界中で養殖されている日本のカキ

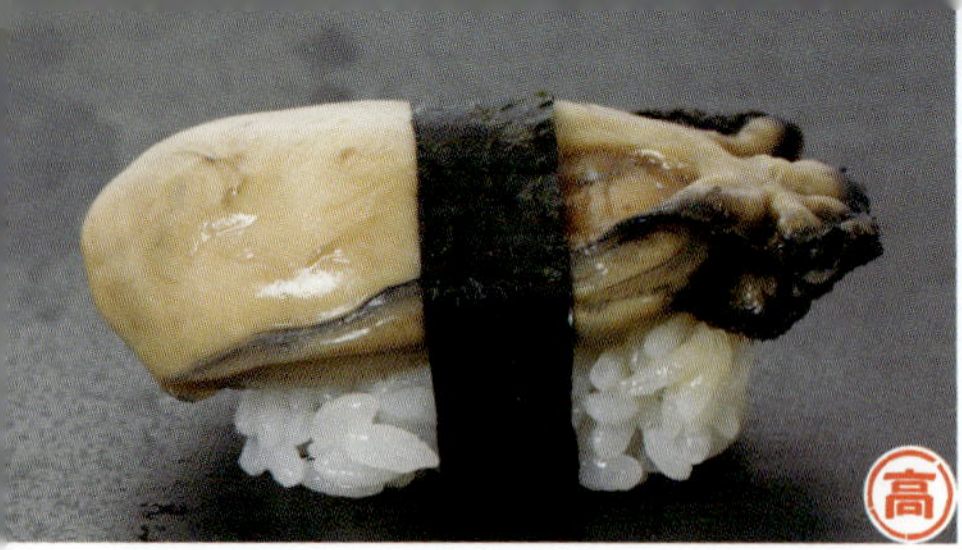

あっさりと薄味に煮てつけたもの。濃厚なうま味と、苦みと甘み、滋味豊かな味わいに、すし飯の酸味が合体する。お好みのすしに加えたくなること必至だろう。

生を軍艦巻きにして柑橘類をしぼったもの。しょうゆなどは不要。あえていうと、薬味もない方がいいと思う。すし飯がカキの味に好相性なのがいい。

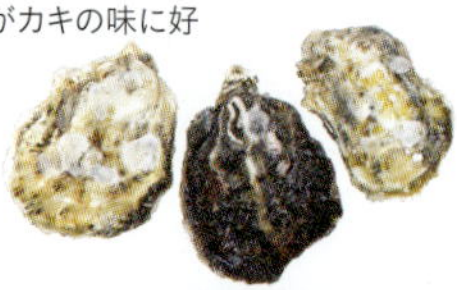

おさかなデータ

日本全域に生息【イタボガキ科】

旬: 秋から春

呼び名: 形から「ナガガキ」「ヒラガキ」

食データ: 生食用と加熱用の違いは、体内の細菌を無菌状態の海水で取り除く作業をしているかどうか。これらの作業をされていない加熱用は、鍋物やフライなどに

養殖が始まったのは江戸時代 いやいや、もっと昔?

日本中の浅場に生息。江戸時代に作られた俳句の手引き書『毛吹草』に恋仲の男女のことを「岩に牡蠣」とあるが、実は岩場ではなく、本来干潟を好む生き物だという。流通するほとんどが養殖もの。養殖の始まりは広島県で、江戸時代初期とも室町時代ともいわれている。現在でも生産量日本一は広島県。養殖に使う稚貝の生産量日本一は宮城県である。世界中に稚貝が送られ、世界中で愛されている。

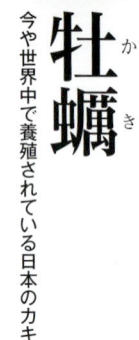

ヒメシャコガイ

姫《ひめ》硨《しゃ》磲《こ》貝《がい》

沖縄では養殖されている美味な貝

やや硬いので、すし飯とのなじみは悪いが、磯の風味と噛めば噛むほどしみ出してくる強い磯の香りとうま味があり、インパクトのある握りとなる。

おさかなデータ

琉球列島以南に生息【シャコガイ科】

旬: 年間を通して

呼び名: 沖縄本島で「アジケー」「ニーグ」。八重山で「ギーラ」

食データ: 沖縄で戦後に生まれた郷土料理「バター焼き」でご飯がうまい

熱帯の貝としてはエース級

シャコガイの仲間には、二メートルを超す「オオシャコガイ」から、二十センチに満たない本種まで多くの種類があるが、国内で食用とされるのは主に本種のほか「ヒレシャコ」や「シラナミガイ」など種類は少なく、前記の「オオシャコガイ」は絶滅危惧種である。二枚貝は主に海水中の有機質をエサとしているが、シャコガイ類は体内に単細胞藻を持ち、光合成で作り出されるタンパク質を取り込んで生きている。

マダカアワビ

眼《ま》高《だか》鮑《あわび》

今や食べ物とは思えないほど高額

酒蒸しにして、じっくり蒸し汁と一緒に寝かせたもの。ふっくらとボリュームがあり、その見た目通りに甘みもうま味も、アワビらしい風味も豊か。すし飯となじみやすい柔らかさもいい。

おさかなデータ

房総半島、日本海西部以南に生息【ミミガイ科】

旬: 春から秋

呼び名: 「ま」もしくは「め」はアワビが呼吸する貝殻についた煙突状の穴のこと。これが高いので「メ(マ)ダカアワビ」

食データ: 生で食べるより、煮たり蒸したりする方がうまい

なんといっても房総半島大原産

暖かい海域の比較的深い岩場にはりついている。アワビ類ではもっとも大きく、貝殻の大きさ三十センチ弱、重さ一キロを遥かに超す。年々減少傾向にあり、近年もっとも入手困難な魚介類のひとつ。なかでも最上級品とされるのが千葉県外房大原で獲れるもの。基本的に少量の水と酒でじっくり蒸し煮にし、味をなじませて使う。すしダネの中でもっとも高価で、またすし飯と合わさり、非常にうまい握りとなる。

エゾアワビ

蝦《え》夷《ぞ》鮑《あわび》

国内だけではなく世界中で養殖されている

生に蒸した「つのわた(うろ)」を乗せたもの。少々不格好だが豪華絢爛な味わい。つのわたの濃厚なうま味がすし飯とのなじみをよくしてくれる。

本来生で握るのを、酒蒸しにすると柔らかく、甘みが増す。すし飯の酸味との相性がよく、握りとしての完成度が高い。

おさかなデータ

茨城県以北本州太平洋側、北海道日本海側、日本各地に生息【ミミガイ科】

旬: 春から夏

呼び名: アイヌ語で「アイベ」

食データ: 最近スーパーなどでも見かけるように。たまには贅沢にムニエルはいかが？　塩胡椒、小麦粉をつけてバターでソテーするだけ

貝

アワビの値段は景気を映し出す鏡

寒冷な海域にいるクロアワビの亜種。貝殻の表面がクロアワビよりもゴツゴツし、楕円形をしている。以前は単にアワビといえばクロアワビのことだったが、すしダネではマダカアワビ、そして養殖により手軽な値段で買えるようになった本種がアワビ全体の主流になっている。成長が早く、病気にも強いので日本各地の海だけではなく、陸上でも養殖が行われている。濃厚なワタを一緒に握るとうまさが二倍に。

クロアワビ

黒《くろ》鮑《あわび》

アワビといったら本種のことだった

やや硬いので、すし飯となじませるため、薄く切り、トントンと隠し包丁を入れている。口に入れた途端に磯の香りがして甘い。味の強いすしダネ。

1個のクロアワビから1かん分しかとれない「つのわた」は生殖巣も含む中腸腺。こくのある味わいに強い甘味があり、珍味中の珍味。

おさかなデータ

日本海、茨城県以南から九州に生息【ミミガイ科】

旬: 夏

呼び名: メガイアワビに対して「雄貝(オガイ)」

食データ: メガイアワビを雌とすると、本種は雄貝。市場では生貝。生が最高

単にアワビといえば本種だった

国内に広く分布する、やや大型のアワビ。生で食べるとアワビ類でもっとも味がよいとされ、すしダネとしても生のまま切りつけることが多い。各地で増殖が試みられているが、年々減少傾向にあり、不況下にあっても高級すしダネとして人気が高い。

メガイアワビ

雌《め》貝《がい》鮑《あわび》

生よりも煮て美味に

酒蒸しにして柔らかく、磯の香りが高く、じわりと甘い。すし飯との相性もよく、アワビの握りの定番。

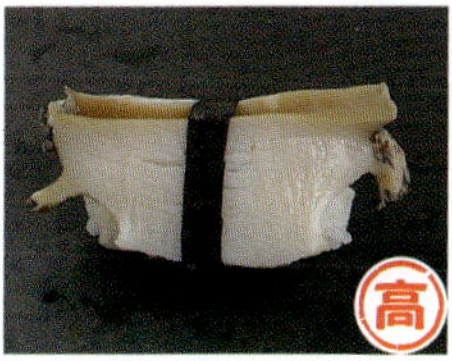

メガイアワビは生で食べるとクロアワビのような強い食感はないものの、磯の香りも甘味も豊か。これを海苔帯でとめてつける。

おさかなデータ

千葉県、秋田県以南に生息

【ミミガイ科】

旬： 夏

呼び名： クロアワビが雄で、本種が雌貝（メガイ）と思われていた

食データ： じっくりしょうゆなどで煮てうまい

古くはクロアワビと比べて二級品だった

暖かい海域の岩場などに生息。貝殻が丸く、見た目が弱々しく感じるせいか、昔は雌だと思われていた。流通するすべてが天然ものので、柔らかく食感がイマイチなので刺身などにすると二級品だが、煮貝にすると一級品。酒蒸しはすしダネとして人気が高い。

床《とこ》伏《ぶし》

国内では減少傾向。今やほとんどが台湾産

塩と酒と少量の水で蒸し煮にしたもの。アワビよりも短時間で柔らかくなる。味わいは濃厚になり、すし飯の味と出合ってよりインパクトの強い1かんに。

おさかなデータ

北海道南部から九州に生息【ミミガイ科】

旬: 春から初夏

呼び名: 千年たっても大きくならないので「センネンガイ」。「ナガレコ」「ナガラメ」とも

食データ: 三重県紀伊長島では、魚醤の汁を使ってしゃぶしゃぶで食べさせる。ほんの数秒、汁の中でゆらゆらさせるだけで、ふんわりと口の中で溶ける。トコブシの食べ方ではこれが随一

古くは安い貝だったが今や国産は希少。ときにアワビよりも高価

クロアワビの半分ほどの大きさ。磯が豊かだった頃、春の「磯遊び」で取って遊ぶ格好の獲物だった。そのせいか、西日本には春のひな祭りの時期に本種を煮て食べる習慣が残っている。磯からアワビが消え、サザエなども減ったときに、本種も乱獲のせいか徐々に姿を消してしまった。その激減した国内産を補っているのが台湾で養殖されたもの。国内産は少ない。

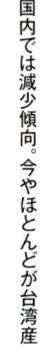

アカネアワビ

茜《あかね》鮑《あわび》

伝統的な煮貝などになる

活けを酒蒸しにしたもの。甘みが上品でうま味がたっぷり。ほどよい柔らかさですし飯とのなじみもいい。

日本各地のお土産などに頻繁に登場

北アメリカにいるアワビだが、最近ではチリなどで盛んに養殖され、輸入が増えている。アワビにしては柔らかく生で食べると食感が悪い。むしろ煮貝にして美味。最近では加工品の「煮貝」のほとんどがこれ。当然すしダネにしてもいける味である。

おさかなデータ

北アメリカ西海岸に生息【ミミガイ科】

旬: 養殖もので年間を通して

呼び名: 単に「アワビ」

食データ: 山梨県の甲州名物「煮貝」は古くは太平洋からの山越えでしょうゆに漬け込んだもの。今や輸入ものが主体

グリーンリップ

鮑《あわび》

旬が逆なので価値がある

小ぶりで一見エゾアワビに似ているが若干柔らかい。磯の香りがほどよく、生ならではの味わいがある。

おさかなデータ

オーストラリア南岸一帯に生息

【ミミガイ科】

旬: 冬

呼び名: 一大掛け合わせ種があって、種名ではなく商品名の「Jade tiger」ということも

食データ: 輸入ものだけど、非常に味がいい

今では新顔アワビとして登場している

二十センチを超える南半球のアワビ。水産業が盛んなオーストラリアで養殖され、国内にもたくさん輸入されている。多種との掛け合わせ研究も盛んで、小ぶりのうちに出荷される。食感がよく磯の香りも豊かで、なかなかの味わい。生で握って美味。

アカアワビ

赤《あか》鮑《あわび》

入荷が不安定なのが残念

酒蒸しにしたもの。柔らかくて、アワビらしい味が楽しめる。

おさかなデータ

西南太平洋に生息【ミミガイ科】

旬: 冬

呼び名: 特になし

食データ: 比較的アワビのなかでは手頃なので、網にのせて焼く。熱いので、火の上で身体をよじらせて踊る。これを「地獄焼き」という

貝

年間を通して需要過多を補うオーストラリア産

南半球の太平洋岸にいる貝殻の赤いアワビ。裏返すと足(身)が真っ黒なのが特徴。国産のクロアワビなどと比べると少々身が柔らかいが、非常に美味。生でも煮てもすしダネになる。生きた国産ものが手に入らない時期の救世主ともいえそう。決して安くはない。

アワビモドキ

ロコガイ

チリアワビとも呼ばれていた

冷凍を戻して握りに。まずくはないがアワビとはまったく別物。むしろサザエに近いかな？

おさかなデータ

チリからペルーに生息【アッキガイ科】

旬:	冷凍輸入なのでなし
呼び名:	昔は「アワビ」で回っていた
食データ:	おせち料理にも登場する、いろどりのひとつ

チリアワビと呼ばれていた頃が全盛期

南アメリカ大陸に生息するアワビとは縁もゆかりもない巻き貝。見た目がアワビのようなので〝もどき〟がついた。回転ずしの草創期には「アワビ」で出され、それが「チリアワビ」になり「ロコガイ」になり今や見る影もない。やはり味的にアワビじゃないのが原因か。

真螺《まつぶ》

最近では巻き貝ネタのスターだ

エゾボラ。
コリコリという心地よい食感、ほどよい甘み。適度に柔らかく、すし飯となじんで、またうま味が浮き立ってくる。後味のよさも特筆すべき。

エゾボラモドキ（左）、エゾボラ（右）
エゾボラは成長するに従い、この部分の貝殻が盛り上がり、割れる。

エゾボラモドキ。
一般的には生で食するものだが、実は煮ると非常に美味。あまり硬くならず、すし飯とのなじみもよい。アワビにはないよさがある。

おさかなデータ

エゾボラ：北海道以北に生息【エゾバイ科】／**エゾボラモドキ**：茨城県、京都府以北に生息【エゾバイ科】

旬： 春から初冬

呼び名： 市場で「Aツブ」といっても通じる

食データ： 唾液腺という毒が足の真ん中あたりにあるので取り除くこと。これを食べると酒に酔ったようになる

エゾボラとエゾボラモドキは毒の除去が必要なツブ

「真螺」は、エゾボラとエゾボラモドキの2種。エゾボラは「Aツブ」、エゾボラモドキは「Bツブ」と区別されることもある。冷たい海に生息するエゾバイ科の巻き貝で、これらエゾボラ属は一般に「ツブ」と呼ばれ、テトラミンという毒を持つ。ツブの中で高価なのがエゾボラ、次いでエゾボラモドキ。主な産地は北海道。古くは産地限定の味覚だったが、近年ではもっとも魚河岸で見かける機会の多い巻き貝。

アツエゾボラ

厚《あつ》蝦《え》夷《ぞ》法《ぼ》螺《ら》

たくさん獲れるので値段が手頃

微かに黄色みがあるが、気になるほどではない。貝らしい風味と味、食感がよくて、うまくて安い握りだ。

味はいいけど貝殻が硬く身の色が黄色いのが難点

主に北海道で漁獲する中型の巻き貝。標準和名通りに貝殻が厚く、重いために歩留まりが悪く、割高感がある。エゾボラの「Aツブ」に対して「Bツブ」と呼ばれることもある。ただし味は決してエゾボラに負けない。すしダネとしても甘みが強く優秀だ。

おさかなデータ

千葉県以北に生息【エゾバイ科】

旬: 春から初冬

呼び名: 「Bツブ」

食データ: 身を取り出して、酒と塩で蒸し煮にしても美味

クリイロエゾボラ

栗《くり》色《いろ》蝦《え》夷《ぞ》法《ぼ》螺《ら》

いろんなツブと一緒になって入荷

ツブらしいツブで、甘みが強く心地よい食感がある。色合いも悪くないので真ツブの握りと間違えそう。

おさかなデータ

東北以北に生息【エゾバイ科】

旬:	春から初冬
呼び名:	「Bツブ」
食データ:	北海道名物「焼きツブ」にもなる

ツブの種類は多くて しかも見分けがつかない

主に北海道道東などから他のツブに混ざって入荷。ツブの仲間はウネエゾボラ、カラフトエゾボラなど非常に種類が多い。なかでも目立つのが本種。貝殻の色が茶褐色で見分けやすい。身の色もよく、すしダネとしては「Bツブ」の中でも優れもの。

エッチュウバイ

白《しろ》蛽《ばい》

日本海を代表するすしダネ

島根県大田のバイカゴ漁で水揚げ後、すぐにむき身にしたものを握りに。生ならではの味わいに強い甘み、食感。すし飯とのなじみも非常にいいので見事な握りに。

おさかなデータ

能登半島以西に生息【エゾバイ科】

旬： 秋から春だが、一年を通して味は安定している

呼び名： 関東では「白バイ」。鳥取県では「シロニシ」

食データ： 大きいものはお刺身用、小さいものは煮て食べるのが一般的。特にお節料理や会席料理などに必ず入っているのが本種の煮たもの。爪楊枝でくるくるっと取り出して食べる

最高級品は隠岐諸島周辺で獲れた大型のもの

日本海の能登半島以西で獲れる。貝殻が柔らかく、テトラミンという毒は持っていない。漁法は、カゴにエサを入れておびき寄せて獲る。煮て食べる関東などでは小さいものの方が高く、生を好む山陰などでは大型のものが高い。代表的な産地は山口県、島根県、鳥取県など。なかでも隠岐諸島のものが大型で刺身として食べるには良質とされている。ツブとは違い、生で柔らかく、甘みが強い。

アニワバイ・オサガワバイ

蛽《ばい》

国産よりロシア産が主流に

回転ずしなどに使われるので、やや薄いのが難点。厚みは加工時に決められる。コリコリとした食感がほどよく、貝らしいうま味もある。すし飯とのなじみも非常によく、人気の握りである。

エゾバイ科エゾバイ属
テトラミンを持たない。
エッチュウバイ、オオエッチュウバイ、アニワバイ、オサガワバイなど

エゾバイ科エゾボラ属
テトラミンを持つ。
エゾボラ、エゾボラモドキ、クリイロエゾボラ、アツエゾボラ

エゾバイ科の食用巻貝の主なものに**エゾバイ属**と**エゾボラ属**がある。ともに生でも煮ても焼いてもうまいが、大きな違いは「テトラミン」というあまり強くない毒を持つかどうか。食べると酔っ払ったようになり、戦争中お酒に欠乏したとき、漁師さんが酒代わりに食べたともいわれている。このような例はともかく子供が食べたり、身体の弱った人が食べる可能性を考えるとはっきり区別すべきだ。「バイ」と「ツブ」を混同してはいけない。

おさかなデータ

オホーツク海に生息【エゾバイ科】

旬:	年間を通して
呼び名:	一般的には「ツブ」
食データ:	スーパーにも登場する輸入バイ。手軽な値段なので、サラダや和え物などにも

回転ずしなどに登場する「ツブ」の正体とは?

国内でも獲れるが少なく、ほとんどがロシアからの輸入。市場には、すでにすしダネとして加工されたものが出回る。分類的には「バイ」とすべきなのになぜか「ツブ」と表示されている。回転ずし、スーパー、持ち帰りずしの「ツブ」はほとんどすべてが本種。

サザエ

栄螺《さざえ》

もっとも知名度があり、まだまだ国産が健在

口に入れた途端、鼻腔に磯の香りが抜ける。そして生の貝ならではの風味に、甘みがたっぷり。すし飯とのなじみの悪さよりも、すしダネのうまさが勝つ。

島根県産の棘のないタイプ。

三浦半島産の棘のあるタイプ。

おさかなデータ

小笠原、琉球列島をのぞく、北海道南部以南に生息【サザエ科】

旬： 年間を通じてあるが、春に美味

呼び名： 内臓が苦いので「ニガノコ」。「ツボッカイ」「サザイ」とも

食データ： ヒメサザエはサザエの小さいもの。生や壺焼きには大を、ヒメサザエは煮て食べる

国内でもたっぷり獲れているのに偽物がいっぱい出現するほど人気者

磯に普通に見られる巻き貝。俳句では春の季語。昔からもっとも有名な磯の貝。陶器を思わせるようなフタがあるのが最大の特徴。場所によっては棘《とげ》の長いタイプと棘のないタイプがあり、波の荒い場所にいるものは棘があり、静かな海のものはないとか、天敵の有無などの説があるが、理由は未だに謎。貝殻のまま作る「壺焼き」が有名だが、刺身もこりこりとしてとても美味。

ヤコウガイ

夜《や》光《こう》貝《がい》

食用以外に、工芸品やアクセサリーにも使われる

口に入れた途端磯の香りが広がる。切りつけたすしダネから濃厚なうま味が感じられて、非常にインパクトが強いが、残念なことにすし飯とのなじみが悪い。貝の味が主役の握りだ。

おさかなデータ

種子島以南に生息【サザエ科】

旬： 年間を通して

呼び名： 夜光貝ではなく屋久島にいる貝で「ヤクガイ」とも

食データ： 観光地では生きている食用の本種よりも、貝殻だけを買う方が高い。なぜなんだ？

古代より貝殻が高価に取引されていた

熱帯・亜熱帯にいる非常に大型の巻き貝。古くは食用としてではなく、貝殻が工芸品の材料になり非常に高価だった。和名の「夜光」は、貝殻を磨くと暗がりに光を放つほど美しいという意味合い。奈良の東大寺正倉院の宝物として本種の貝殻を使ったボタンが納められている。当時の工芸品や飾り物には重要な材料のひとつだったのだ。食用としては、主に沖縄で利用され、全国的に流通することは少ない。

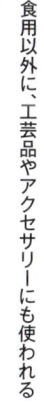

ホッコクアカエビ
ホンホッコクアカエビ

甘《あま》海《え》老《び》

味も値段も、日本海の生と輸入ものでは大違い

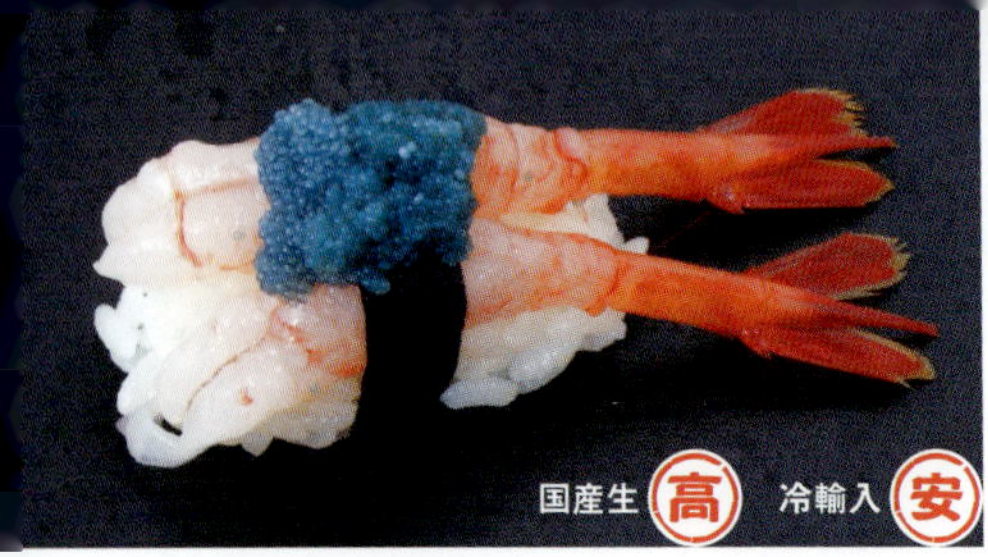

北海道増毛産の雌の握り。上にのせたのは外子。ねっとりと甘く、すし飯と合わさってとろりとしている。ここに外子のプチッとした食感が味に変化をつける。

甘エビを揚げるという、驚きの発想がすごい。フライもあるがここでは天ぷらを紹介する。甘みが強く揚げた香ばしさも楽しめる。

グリーンランド産
ホンホッコクアカエビ

北海道増毛産
ホッコクアカエビ

おさかなデータ

日本海、北海道以北に生息【タラバエビ科】

旬: 年間を通して

呼び名: 赤唐辛子に似ていることから、その別名の南蛮、胡椒がついて「ナンバンエビ」「コショウエビ」

食データ: 一般的に生で食べるのだが、産地ではみそ汁がうまいという

雄から雌に性転換するので大型はすべて雌

太平洋に生息するホッコクアカエビと、大西洋のホンホッコクアカエビの二種が「甘海老」の代表的なもの。生の状態で赤い殻が柔らかな体長十センチほどのエビ。深海性で、生まれたばかりは雄、大きくなると雌に性転換する。産卵は二年に一度。産卵後、卵を腹に抱き、保護する。国内では北海道西岸の増毛、古くからの産地、新潟県などが有名。輸入ものはロシアやカナダ、グリーンランドから。

ジンケンエビ

甘《あま》海《え》老《び》

深海生物の宝庫・駿河湾の甘エビ

口に入れるとトロッと甘く柔らかい。小さいので握るのが大変であるが、この甘みとこくがすし飯に合う。

おさかなデータ

駿河湾から鹿児島県に生息
【タラバエビ科】

旬:	秋から春
呼び名:	「甘エビ」は静岡での呼び名
食データ:	干しエビが絶品。そのまま食べても香ばしく、素麺などのだしに使ってもいい

駿河湾で「甘海老」といえば本種のこと

「甘海老」と呼ばれるのはホッコクアカエビ以外にもある。駿河湾は深海性の魚介類の宝庫。数々の深海魚、そしてエビが底引き網で水揚げされる。そのどれもが美味。なかでも地元っ子が「甘海老」と呼ぶ本種は、天ぷらやすしダネにと観光客にも人気。

ヒメアマエビ

姫《ひめ》甘《あま》海《え》老《び》

和名が付いたのは二〇〇九年

小さいので軍艦巻きにする。とにかく甘く、プリッと心地よい食感がある。軍艦巻きにもってこいのネタ。

おさかなデータ

駿河湾以南に生息【タラバエビ科】

旬:	年間を通して味が変わらない
呼び名:	「シバエビ」「シタエビ」
食データ:	鹿児島県錦江湾周辺ではつけ揚げ(薩摩揚げ)が有名

錦江湾の漁師達が大好きな隠れた美味

十センチ足らずの深海のエビ。鹿児島市の錦江湾で「とんとこ漁」という底引き網で獲っている。小さいエビで漁獲量も少ないため知名度が低かったが、和名がついたことで注目を浴びている。生で食べて甘く、ほどよい食感もあるのですしダネとして、とても優秀。

牡《ぼ》丹《たん》海《え》老《び》

富山県ではあまり獲れない牡丹のように美しいエビ

やや大型の卵を抱いた雌の握り。甘みが強く、ほどよい食感もある。外子はプチプチとして、別種の味わいで１かんの握りで多彩な味わいがある。握りを堪能した後には、頭部のみそをすすると１尾丸ごとの味を楽しむことになる。

頭部を見ると種類がわかる。頭部には白い斑紋が散らばる。

おさかなデータ

島根県以北の日本海、北海道に生息【タラバエビ科】

旬:　年間を通して美味

呼び名:　「オオエビ」「トラエビ」

食データ:　生で食べるのが一般的だが、焼くと別種の味がある

北海道ではもっとも大型になるエビ

寒冷な海域のやや深海に生息。二十センチを超える、タラバエビ科では大型のエビ。和名は富山湾の個体が由来だが、当地ではあまり獲れない。一般的な呼び名「牡丹海老」とは、北海道の噴火湾などでの呼び名。大型で華やかなのがボタンの花を思わせるためだ。代表的な産地は北海道の日本海側と噴火湾。生命力が強いので関東には生きたまま入荷してくることもしばしば。少ないながら「活け」で来ることもある。

ボタンエビ

牡《ぼ》丹《たん》海《え》老《び》

日本海のトヤマエビと比べて量が不安定

食感がよく、たっぷりと甘みを含み、口に入れた途端に濃厚な味わいが口中を満たす。すし飯の甘さに、エビの甘さが合わさって別格のうまさになる。

頭部を見ると種類がわかる。頭部には目立った斑紋がない。

おさかなデータ

北海道噴火湾から土佐湾の太平洋側に生息。生息域が狭く、日本海にはいない【タラバエビ科】

旬: 年間を通して

呼び名: 特になし

食データ: 駿河湾の漁師は、大きさの揃わないものを、みそ汁にする。船上で食すみそ汁は格別。焼いてもとてもうまい

太平洋の「牡丹海老」一時は魚河岸から姿を消していた

こちらは太平洋の牡丹海老。水深三百メートル以上の深場に生息。主な産地は駿河湾や千葉県、茨城県など。豊漁、不漁の年があり、水揚げが安定しない。一時はほとんど獲れなくなって、魚河岸のプロ達に忘れ去られたことも。標準和名も流通上もボタンエビ。魚河岸では「本ボタンエビ」という人も多い。主に日本海に多いトヤマエビに対して、太平洋にだけいるので「太平洋ボタン」としてもよさそう。

スポットプラウン

牡《ぼ》丹《たん》海《え》老《び》

輸入「牡丹海老」の最高峰に君臨する

冷凍ものなのに食感もあり、甘みが強い。エビらしいうま味もたっぷり感じられて、すし飯との相性も非常にいい。

頭部を見ると種類がわかる。頭部に白い筋が走る。

おさかなデータ

北アメリカ大陸西岸に生息【タラバエビ科】

旬： 年間を通して美味

呼び名： 英語でSpot prawn。魚河岸では「スポットエビ」。

食データ： 海辺の旅館で本種をしゃぶしゃぶにしていた。まねしてみると、本当にうまい。地物じゃなくてもいいかも

輸入ボタンエビでは もっとも多くもっとも高い

本種も北太平洋北アメリカ大陸沖に生息する「牡丹海老」。寒冷な海域には珍しく、この水域では最大級のエビ。アメリカ、カナダなどから輸入されている。国産とも近縁種で似ているため、頭部をじっくり見ないと見分けがつかない。高価なので罪悪感が薄いのか、日本各地で「地物」として登場している。なかにはビックリするほど高い旅館で「地物」として出ていたりするので、困ったものだ。

アルゼンチンアカエビ

赤《あか》海《え》老《び》

クルマエビに近いが、昔は「牡丹海老」だった

生なのに赤みが強いのが特徴。プリッとした食感が心地よく、甘みもある。すし飯と一緒になり、後味が上品なのも特徴のひとつ。

生でも決して悪くはないが、軽くあぶるとひとつ上の味になる。エビの風味と甘み、そしてプリッとした甘み。「アカエビうまし」である。

おさかなデータ

南米ブラジル南部からアルゼンチンの大西洋に生息【クダヒゲエビ科】

旬: 年間を通して

呼び名: 特になし

食データ: 生で食べるだけではなく、天ぷら、フライ、パエリアなどに入れてもうまい

「牡丹海老」とは縁もゆかりもない南半球から来るエビ

南米大陸大西洋の沖合にいる体長二十センチ前後になるエビ。生ですしダネになるタラバエビ科(トヤマエビ、ホッコクアカエビ)に対し、クルマエビの仲間のクダヒゲエビ科に属している。「エビ」とあるが、ボタンエビ類からすると遠い系統。南米では重要な食用エビで、味が良いので人気が高い。ちなみに国内にもクダヒゲエビ科は多く、各地で食用になっている。

ヒゴロモエビ

葡《ぶ》萄《どう》海《え》老《び》

獲れる量が少なすぎる太平洋の超高級エビ

生なのに赤みが強く、ほんのり紫色を帯びる。強い甘み、うま味が感じられ、食感も心地よく、すし飯となじんで後味がいい。見事な握りで、問題は値段だけ。

おさかなデータ

千葉県銚子以北から北海道までの太平洋に生息【タラバエビ科】

旬: 年間を通して美味

呼び名: 標準和名は生きているときの色から「緋の衣」、死ぬとブドウ色になるため「ムラサキエビ」ともいう

食データ: 非常に高価なので、素直に生で食べたい。殻をむいても赤みが強い

「甘海老」と「葡萄海老」の違いは卵の数

東北から北海道までの太平洋にいるエビ。千葉県銚子から北のカゴ漁、底曳《そこびき》網などで獲れる。三陸の港の競り場で膨大な魚介類が並んでも、本種は数匹しか見られないこともある。量が少ないのは、ブドウエビの仲間であるモロトゲアカエビ属が、あまりたくさん卵を産まないことが原因。主な産地は北海道道東、三陸など。一尾の仕入れ値が二千円以上するのも当たり前。一かんの握りの値段はとても想像できそうにない。

モロトゲアカエビ

縞《しま》海《え》老《び》

日本海三大高級生食エビでいちばん少ない

小ぶりな雄の握り。性転換して雄から雌になるのだが、雌になる前の小ぶりの味がいい。独特のプリッとした食感、ほどよい甘さ、すし飯と合わさった後味のよさ。極上の握りである。

おさかなデータ

島根県から北海道の日本海に生息【タラバエビ科】

旬: 秋から春

呼び名: 鳥取県では「スジエビ」

食データ: 主に生で流通する高級エビ。北海道日本海側などから関東まで生きて入荷してくるので、踊り食いを楽しむこともできる

冷凍するほど獲れない日本海の高級エビ

山陰から北海道までの日本海で揚がるもので、トヤマエビと比べるとやや小ぶり。日本海で揚がるタラバエビの仲間で代表的なものはホッコクアカエビ、トヤマエビと本種。これを日本海三大高級生食エビとしたい。「葡萄海老」のところでも述べたが、本種のモロトゲアカエビ属は産卵数が少なく、資源量が少ない。ちなみに北海道道東で獲れる北海シマエビとよく混同されるようだが、生での流通は本種の方が多い。

クルマエビ

車《くるま》海《え》老《び》

江戸前握り誕生以来の高級すしダネ

活けを素早くむいて握った「踊り」。すし飯の上で動く様を踊りにたとえた。生ならではの味わいがあり、しかも上品でさらりとしている。

鍋の前に職人が立ち、加減を見ながらゆでて、ほんのり温かい状態に握ったもの。強いエビの風味があり、口に入れるとプチッと噛み切れて、甘い。

おさかなデータ

北海道南部から九州に生息【クルマエビ科】

旬： 秋から冬

呼び名： 小さいのを「サイマキ」、大きくなるに従い「マキ」「中マキ」、特大を「大クルマ」

食データ： エビフライの超高級品はクルマエビで作った。古くはクルマエビとイセエビがフライの材料だった

養殖が成功するまでは非常に高価だった

北海道から九州までの内湾にいる大型のエビ。江戸時代東京湾の打瀬網（底網）の獲物の中でももっとも高価なもののひとつだった。これを贅沢ではあるが庶民の手の届くようにしたのが養殖を研究した藤永元作。昭和三十年代には山口県秋穂の海で養殖を開始した。現在流通されているものの多くが養殖されたもの。今では天然ものは貴重となっていて江戸前ものは超高額。養殖生産量日本一は沖縄県。

クマエビ

足《あし》赤《あか》海《え》老《び》

すべて天然。西日本で愛され輸入ものもある

踊りにゆでた頭を添えた。プリプリとした食感に生ならではの淡泊で上品な味。握りを食べて、頭のみそを食べるか、すしダネの上にみそをのせてもいい。

むしエビはクルマエビに負けないほどに赤い。食感はクルマエビ以上に強く、非常に甘みが強い。この甘みがすし飯とよくなじむ。

おさかなデータ

房総半島以南に生息【クルマエビ科】

旬: 秋から冬

呼び名: 大分県で「キジエビ」、全体に黒いので「カラス」

食データ: 瀬戸内海などで天ぷらを食べると、これが出てくる。中型で赤くてうまい

生きていると黒っぽいが蒸すと見事な赤に

体長二十センチほどになる中型のエビ、大阪などでは高級な天ぷらになっている。国産は、浜名湖以西では生きた状態で普通に売られているのに、関東の魚市場ではほとんど見かけない。輸入ものはともかく、国産の上物は基本的に西日本のものといっていい。瀬戸内海など漁場が目と鼻の先なので、活けを生(踊り)で出す店も多い。当然、蒸したものも握られている。甘みが強く、見た目の美しさから、上ネタである。

Black tiger《ブラックタイガー》

すしはもとより、天ぷら・フライと大活躍

すし職人が蒸して握ったもの。ほろほろと柔らかく、甘い。色合いもよく、すし飯と出合って、またエビの味わいが生きる。

初めて食べたのは名古屋。最近、回転ずしなどにもあるフライ巻き。フライの香ばしさと、エビの甘さ。ランチになりそうなボリュームで、満足感十分。

おさかなデータ

東京湾以南に生息【クルマエビ科】

旬: 年間を通して

呼び名: 中国では「大蝦」、台湾では「草蝦」

食データ: すしダネだけではなく、エビフライに、江戸前天ぷらに、おせち料理の煮エビに、などなど本種が主役

国内で獲れるクルマエビ類で最大

東京湾でも希《まれ》に獲れる大型のエビ。和名に「牛」がつくのは「大きい」と同義語だ。国内産のクルマエビ類が少なくなり、東南アジア、台湾などから輸入されるように。この輸入量が爆発的に増えたのは、217ページで書いた藤永元作の技術が台湾などに移植され、八十年代に養殖技術の革命が起こり、本種の生産量が増えたため。回転ずしでエビが食べられるのは、本種が安く台湾などから輸入されているため。

Vannamei《バナメイ》

技術の粋を集めて作り急速に増大する第二のエビ

赤みが弱いが、蒸してしっかりエビの香りがあり、甘みも感じられる。柔らかいのですし飯とのなじみもよい。

回転ずしの定番、エビマヨ。小ぶりのものを軍艦にしてマヨネーズを添えたもの、サラダになったものなど多彩。エビとマヨネーズ、すし飯の取り合わせが絶妙。

おさかなデータ

原産国は中南米に生息【クルマエビ科】

旬: 年間を通して

呼び名: 「バンナムエビ」

食データ: 最近、エビチリに使われる多くがこれ。冷凍でレトルトパックで、とやや高級

人工的に作り出された理想の養殖エビ

中南米原産のエビ。もともとエビ養殖の先進国である台湾がブラックタイガーの後継としてエクアドルで研究。またたく間に中南米をはじめ、東南アジアなどにも広がった。現在、養殖エビの主流となっているブラックタイガーは病気に弱く、同じ養殖池で連続して生産できないなどの問題点があったが、本種は病気に強く成長が早いなど生産コストも低く抑えられる。国内のスーパーでも見かけない日がない人気ぶり。

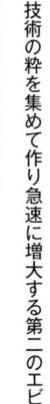

イバラモエビ

鬼《おに》海老《えび》

ズワイガニ漁と産地が重なる怪獣のようなエビ

生で握って外子を乗せたもの。口に入れると甘みが強く、身はプリッとした食感がある。甘いだけではなく、生ならではのうま味がある。

おさかなデータ

島根県以北から北海道に生息【モエビ科】

旬: 秋から春

呼び名: 北海道では「ゴジラエビ」、鳥取では「五月エビ」

食データ: 底引き網などで獲るのだが、漁師はたき火で焼く。生もうまいが、このワイルドな食べ方がベストかも

全身棘《とげ》だらけなので怪獣のよう

日本海のズワイガニなどと同じ水深二百～三百メートルに生息している。専門の漁はなく、ズワイガニ漁などに混ざるものだが、近年では「漁の主役」に負けない人気に。その上、漁獲量が少ないので、「日本海の宝石」ともいわれている。国産が主だが、ロシアなどから冷凍輸入ものもある。産地は島根県以北の日本海。年々価格が上がるので北海道の産地では名物「ゴジラエビ」が食べられないと嘆く声も聞かれる。

イセエビ

伊《い》勢《せ》海《え》老《び》

古代、「エビ」という言語を生み出したエビ

生け簀から出して素早く下ろし握ったもの。透明感があって見た目にも美しい。生ならではの味わいとエビ独特の甘みがあり、すし飯と絶妙に合う。

蒸すと赤く発色、見た目にも豪華で、甘みもうま味も増す。ほどよくほぐれて、すし飯と出合い、見事な1かんに。

おさかなデータ

茨城県以南の太平洋に生息【イセエビ科】

旬: 秋から春

呼び名: 関東では「鎌倉エビ」だった

食データ: 姿が鎧を着けた武者に見えるので、5月5日の端午の節句に食べられるもの。料理名も具足煮、鬼殻焼きなど男っぽい

産地は太平洋岸。養殖できないので、すべてが天然

温かい海域の浅い岩場などに生息。初夏から秋口の産卵期は原則的に禁漁となっている。「エビ」という言葉は、本種の体の色がエビヅル、すなわちブドウに似ているから生まれたという説がある。具足煮や鬼殻焼き、正月飾りに結納など、祝いごとには欠かせない。代表的な産地は三重県や千葉県など太平洋側。供給が需要に追いつかないので、南半球や東南アジアなどから近縁種を大量に輸入している。

団扇《うちわ》海老《えび》

エビのようでエビでない

生の味わいはエビの中でも格別。甘みが強く、食感が心地よい。しょうゆにわさびもいいが、柑橘類に塩もうまい。

オオバウチワエビ

ウチワエビ

おさかなデータ

銚子以南に生息【セミエビ科】

旬: 年間を通して

呼び名: 形から「セッタエビ」、パチパチと身体を急速に折り曲げる音から「パチパチエビ」

食データ: 山口県名物が本種の焼きエビ。焼くと白い身がふっくらとふくれて、非常に甘く香り高い

古くはたくさん獲れ庶民的なエビだった

一般に「ウチワエビ」と呼ばれているのは、標準和名のウチワエビと、色も姿もそっくりなオオバウチワエビの二種がある。ここでは二種の総称として書いていく。暖かい海域に広く分布するエビで、東日本より西日本に多く、イセエビなどに比べると安く、味も良いため人気がある。山口県では、古くはたくさん獲れ、その姿から「シラミ」などと呼んでいたが、年々上昇する価格から呼び方を変えよう、と話す漁師も。

サクラエビ

桜《さくら》海《え》老《び》

真白き富士に真っ赤なサクラエビは日本一の風景

秋漁で揚がった小さいものをヒゲを取り生のまま軍艦巻きにした。口に入れると殻が柔らかく、すし飯とすぐになじみ、エビの風味と甘みが一気に口中に広がる。

釜揚げの軍艦巻き。ほどよい塩味、柔らかさがすし飯と混ざって、エビの風味を放つ。比較的手頃な値段なのもいい。

おさかなデータ

千葉県から駿河湾、台湾にも生息【サクラエビ科】

旬: 3月下旬から6月上旬、10月下旬から12月下旬が漁期で旬

呼び名: 夏に生まれて10月くらいまでを「新エビ」、夏の産卵前を「ヒネエビ」

食データ: 生のサクラエビと豆腐で作るのが沖あがり鍋。しょうゆ仕立てで、エビから甘みのあるいいだしが出る。静岡県由比の名物のひとつ

神秘の海、駿河湾で発光する深海性の美しいエビ

千葉県以南の深海に生息する小型のエビ。沖合の中層を遊泳しており、夜になると浅場に浮き上がってくる。明治二十七年、由比の漁師が偶然見つけ、漁が始まる。今でも国内では駿河湾特産。乾物や釜揚げなどの加工品は台湾からの輸入ものが多い。駿河湾で漁が行えるのは蒲原、由比、大井川の三漁協のみ。古くは水揚げするとすぐに干して乾物にして出荷していた。生での流通は比較的新しい。

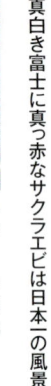

白《しら》海《え》老《び》軍《ぐん》艦《かん》巻《ま》き

富山湾特産の上品な甘味

全長10cm足らずの小さなエビで、生で食べるためには薄い殻をていねいに剥く。ぷりっとした食感に上品な甘味が舌に広がる。

おさかなデータ

日本周辺に広く生息するが、特に富山湾に多い【オキエビ科シラエビ属】

旬: 4月〜11月

呼び名: シロエビ、ヒラタエビ、ベッコウエビ

食データ: 古くはサクラエビの代用品として赤く染められ、干しエビに。今や味のよさから富山湾を代表する味覚になっている

富山湾だけでまとまってとれる海中を泳ぐ小さなエビ

水深百メートル以深を漂うように泳いでいる。オキエビ科では唯一食用となっている。古くは干しエビとして流通していたが、天ぷらや刺身にして美味しいので人気が高まり、富山湾を代表する味覚となっている。1尾ずつ薄い殻を剥き、刺身として食べることも。上品な甘味のなかにエビ特有の風味とぷりっとした食感が楽しめる。漁期が4月から11月まで、長く楽しめる。

タラバガニ

鱈《たら》場《ば》蟹《がに》

世界中で愛される。大きさも味もカニの王様

すし飯に丸太ん棒をのせたようだ、という人がいるが、このボリュームに感動すべし。甘みが強く、ほどよくほぐれてすし飯となじむ。そのひと時の幸福感は大きい。

生をむき、氷水のなかで花びらのように咲かせたもの。プリッとした食感、ほのかな甘みで、捨てがたい味わいだが、すし飯との相性には「?」。

タラバガニ。例外はあるが、心域という甲羅の真ん中の区域の棘《とげ》が6本。

おさかなデータ

北海道周辺以北に生息【タラバガニ科】

旬: 秋から冬

呼び名: 小さいものを「アンコ」、非常に小さいものを「クラッカ」

食データ: 普通は蒸すか、ゆでるかして食べる。ただし、生きたものを買ったら、しゃぶしゃぶもうまい

古くはタラ釣りの外道で専門の漁はなかった

標準和名にある「鱈場」とは、タラの釣れる深い海のこと。今でもタラ延縄《はえなわ》漁の釣り針に掛かることがある。真性のカニではなくヤドカリと同じ異尾類。足は十本あるが、内二本は甲羅に隠れて見えず、外見上八本。国産は非常に少なく、ほとんどがロシア、アメリカなどからの輸入もの。冷凍、ボイル、生命力が強いので生きたままの輸入も多い。雄の方が味も値段も上。生よりもゆでた方が甘みもうま味も強い。

油《あぶら》蟹《がに》

偽装事件で有名になったけれど実は美味

活けを蒸して握ったもの。若干水分が多く、甘みもタラバガニよりも落ちるように思えるが、うま味、甘みとも平均点以上。すし飯との相性もよく安くておいしい握り。

タラバガニ科は甲羅の下に左右2本の脚が隠れていて、鰓《えら》の掃除をしている。

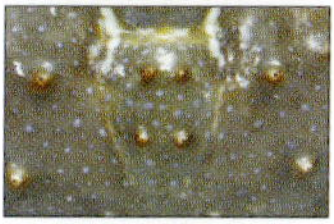

アブラガニ。例外はあるが、心域という甲羅の真ん中の区域の棘が4本。

おさかなデータ

日本の漁業海域より北に生息【タラバガニ科】

旬: 秋から春

呼び名: 足などに青みを帯びているので「アオガニ」

食データ: タラバガニの偽装に使われたので、あまり評判がよくないが、実はタラバガニの偽物になるくらいに美味

タラバガニにそっくり。普通の人にはまったく違いはわからない

本種の属するタラバガニ科は、ヤドカリと真性のカニの中間的な生きもの。「カニではなくヤドカリだ」といわれるが、「カニ」自体が分類学的な用語ではないため、これは変。殻の色が「海面にこぼれた石油の色に似ている」ので和名がついたよう。姿がタラバガニにそっくりなので「タラバガニの偽物」としてたびたび問題になる。国産はなく、主にロシアなどからの輸入。

頭《ず》矮《わい》蟹《がに》

松葉ガニ、間人《たいざ》ガニ、越前《えちぜん》ガニ、加能《かのう》ガニが有名

塩ゆでにした足の身を握ったもの。だまって本種を注文するとこれが出される。柔らかく甘みを放出しながらほぐれ、すし飯とからんで、口中から消えて後味がいい。

晩秋に入荷してきた内子たっぷりのメスガニをゆでて、内子、足の身と甲羅を器にすしに仕立てたもの。寒を迎える時季なのに、「春遠からじ」を感じさせてくれる華やかなすし。

雌

雄

おさかなデータ

日本海・犬吠埼以北に生息【ケセンガニ科】

旬： 秋から冬

呼び名： 雄は「マツバガニ」「エチゼンガニ」。雌は「メスガニ」「セイコガニ」「コウバコガニ」

食データ： 寒い時期に獲れるので、炭火で焼きガニ、季節の野菜を合わせてカニ鍋などが有名

日本海特産ではなく太平洋でも揚がるもっとも多いのが輸入もの

日本海、太平洋の寒冷な水域の深海にいるカニ。「松葉ガニ」「越前ガニ」は雄の呼び名。大きくなる雄に比べ、雌は小さく非常に安かった。日本海で獲れるものは非常に高く、産地では「雄は出荷して、安い雌を食べる」といわれた。ただし最近ではロシア、アメリカなどから大量に冷凍、活けで輸入されていて、むしろ国産の雌の方が高いという逆転現象が起こっている。

紅《べに》蟹《がに》

ゆでていないのに赤い深海のカニ

足の棒身を握ったもの。甘みがほどよく、柔らかく適度にほぐれ、すし飯とのなじみも上々。ズワイガニと比べなければ主役級の味で、しかも値段は庶民的。

ほぐし身とタマネギを合わせて、マヨネーズでサラダにして軍艦に。マヨネーズのまったりと穏やかな味に本種の甘み、すし飯の酸味と一体化して、あなどれない味わいとなっている。

おさかなデータ

日本海、茨城県以北の太平洋に生息【ケセンガニ科】

旬: 秋から春

呼び名: ズワイは不要。日本海では「ベニガニ」

食データ: 身だけじゃない。甲はグラタンの器に、殻は話題のチキンキトサンがとれる

深海になるほど赤さが濃くなるズワイガニよりも赤いカニの不思議

ズワイガニよりも深海に生息する。浅場では赤くないズワイガニが、深くなると桃色の雑種が、もっと深くなると本種がいる。ハイブリッドが生まれるくらい種としては近い。日本海ではズワイガニよりも漁獲量が多く、ゆでなくても殻が赤いため「紅蟹」と呼ばれている。筋肉(棒肉)はあまり赤くならない。その上、ズワイガニと比べ水っぽく大味であるとされ、値段も格段に安い。

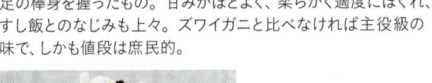

シャコ

蝦《しゃ》蛄《こ》

古くは庶民の味、今では産地が遠くなり超高級品に

初夏の子持ち。産卵を控えて甘みも増し、濃厚な甘みと強いうま味があり、ねっとりした食感の「かつぶし」入りの握りは通をうならせるほどのうまさ。

「かつぶし」と呼ばれる卵巣入りの握りを半分に切った断面。

おさかなデータ

北海道から九州に生息【シャコ科】

旬: 初夏から夏

呼び名: エビだと思われていたようで「シャコエビ」「ガザエビ」

食データ: 関東ではゆでて食べる。瀬戸内海では生きているものを自宅の大鍋でしょうゆで煮ることも。シャコが大好きな岡山県では、家に銘々自分用ハサミがあり、食卓で縁を切り取りながら食べる家も

都市が臨む大きな内湾にウジャウジャいた

エビやカニとともに甲殻類に属しているが、全くの別系統。東京湾、三河湾、瀬戸内海などの多くの河川が流れ込む内湾に生息、海底で小さなエビや魚などを捕らえ食べている。古くは江戸前の芝や品川でたくさん獲れていたが今や姿を消し、最上級品とされていた神奈川県小柴産も激減。全国的に年々漁獲量が減少している。近年脚光を浴びているのが北海道石狩湾産。中国などからの輸入ものも目立っている。

海《う》胆《に》

世界中からやってくる

チリウニ
現在もっとも安いチリ産のウニ。産地が遠いためにミョウバンがきついのか、苦みを感じることも少なくない。

カナダ産ウニ
カナダ産のウニ。ときどき大量に出回り、回転ずしなどの目玉商品となる。国内で食べるとやや大味に感じる。

おさかなデータ
オオバフンウニ科、ホンウニ科
呼び名：
英語で「Sea urchin」

雌雄異体（雄と雌がいる）で食べる部分は卵巣だけではなく生殖巣で、雄雌関わりなく食べている。生殖巣は五角形の身体に5つ並ぶ。

ウニとはどんな動物か？ 食べる前に知っておこう

ウニは大きな分類では棘皮《きょくひ》動物に属している。ほかにはナマコやヒトデがいて、全身に棘《とげ》や突起が生えているのが特徴。日本で食用となっているのは、ロシアからの輸入ものもあるキタムラサキウニ、エゾバフンウニ。この二種類が全体の半分以上を占める。国産ではほかにバフンウニ、アカウニ、ムラサキウニ、ガンガゼ、鹿児島県以南にいるシラヒゲウニなどがある。

ほかには、チリからチリウニ、カナダ、アメリカなどからホクヨウオオバフンウニ、アメリカムラサキウニなどが輸入されている。産地周辺で消費されていたウニが全国的に流通するようになったのは戦後から。基本的にはむき身にして木箱に入って流通する。近年、魚河岸で競りにかけられる水産物はほとんどなくなっているが、ウニはマグロとともに競りで値段の決まる少数派だ。

エゾバフンウニ

蝦《え》夷《ぞ》馬《ば》糞《ふん》海《う》胆《に》

色合いから西日本で好まれる

国産の小ぶりのものを軍艦巻きにした。強い甘みと風味が持ち味で、インパクトのある1かんである。

殻つき活けで入荷したものをすし職人が蒸して軍艦に。生よりも濃厚な味で、最近めったに出合えないのが残念。

おさかなデータ

福島県以北の太平洋、山形県以北の日本海、北海道に生息【オオバフンウニ科】

旬: 夏から秋にかけての禁漁期以外は美味

呼び名: 北海道で「ガンゼ」、市場では生殖巣の色から「アカ」

食データ: 生だけでなく缶詰や蒸したものも。熱を通すと味が濃くなる

キタムラサキウニと日本二大ウニのひとつ

冷たい海域で、昆布などの海藻類を食べている。古くは昆布の害敵として駆除されていたことも。棘《とげ》は短く緑がかっていて、食用となる生殖巣の色から魚河岸では「赤」と呼ばれる。ほとんどが北海道産とロシア産。ロシア産は比較的安く、北海道でも利尻島や礼文島などのものは非常に高価だ。ウニは産地ではなく、出荷する会社の名前で選ぶ。『はだて』『橘』などが有名だが、ほとんどが北海道にある。

軍艦にせず、すし飯に直につけたもの。味わいはイヤミがなく上品。すし飯と合わさって、その酸味と、ウニの甘みが絶妙になじむ。

キタムラサキウニ

北《きた》紫《むらさき》海《う》胆《に》

関東ではいちばん高いウニ

おさかなデータ

相模湾から襟裳岬、北海道日本海以北に生息【オオバフンウニ科】

旬: 晩秋から夏

呼び名: 北海道で「ノナ」。魚市場では「白」

食データ: 加工品の少ないウニのなかで異彩を放っているのが福島県などで作られている「焼きウニ」。実際には蒸しに近く、非常にうまい

エゾバフンウニとは近縁 ムラサキウニとは遠縁

東北、北海道などが産地の棘《とげ》の長いウニ。「ムラサキウニ」とあるので標準和名のムラサキウニに近い種だと思うと大間違い。実はオオバフンウニ科に属し、エゾバフンウニやバフンウニと近縁。国内で食べられているほとんどが同科に属し、この仲間はアメリカ、カナダからも輸入される。一般に「白」と呼ばれている。味は上品で、ウニの香りが若干弱い分、独特の甘みをともなう苦みも少ないので後味がいい。

アカウニ

赤《あか》海《う》胆《に》

上品で後味の良さが持ち味、関東以西に夏を告げるウニ

いちばん厚みが出た旬の時期のもの。味わいが上品で淡いので、海苔の味わいを避けて直にすし飯につけた。舌にのせてじっくり味わってこそ、本種のうま味がわかる。

おさかなデータ

東京湾から九州に生息【オオバフンウニ科】

旬: 秋

呼び名: 「オニガゼ」とも

食データ: もっとも秋を感じさせてくれるウニ。島根県などで作られている塩漬けウニは絶品

西日本で主に食べられる夏から秋に獲れるウニ

比較的温かい海域で水揚げがあるが、北のキタムラサキウニやエゾバフンウニと比べると漁獲量は圧倒的に少ない。同じ海域のムラサキウニが春に多いのに対して夏が近づくと見かけるようになり、秋までとれる。ウニの中でもうま味が強く、また後味のよさもあって非常に高値をつけることもある。関東では三浦半島などで水揚げがあるものの、やはり基本的には紀伊半島以西が主な産地のウニだ。

シラヒゲウニ

白《しら》髭《ひげ》海《う》胆《に》

沖縄でウニといったら本種のこと

熱帯なので淡泊だと思ったら大間違い。ウニならではの風味がほどよく、甘みが強く、味にこくがある。当然すし飯と合わさっても存在感があり、絶品。

おさかなデータ

和歌山県以南ではあるが、主に鹿児島県から南、沖縄に生息【ラッパウニ科】

旬: 夏

呼び名: 鹿児島で「島ウニ」。沖縄で「ガチャー」

食データ: まさか熱帯でウニ？　ウニといえば北海道や東北、日本海を思い浮かべるが、世界的にも熱帯で獲れるのは本種の仲間

サンゴ礁に生息する大型の夏のウニ

主な産地は鹿児島県南部の島や沖縄など。沖縄や奄美大島では夏の風物詩的な味。国内で獲れるオオバフンウニ科やナガウニ科はともにホンウニ目に属しているが、本種はホンウニモドキ目なので分類上かなり上位で違っている。本種の属するラッパウニ科の仲間は、アメリカフロリダなどでも同じように食用になっていて、熱帯・亜熱帯限定のウニということになる。殻の直径が十センチを超える大型ウニ。

玉《たま》子《ご》焼《や》き

地域で店ごとに焼き方も味も違う

だし巻き玉子　袋づめ
一人前に切り、真ん中に切り込みを入れて袋状にして、すし飯を詰め込んだもので、最近もっともよく見かける形。さっぱりして卵の香りが生きている。

江戸前ずしのしばりの薄い京都のすし店の「玉子焼き」は創意工夫に富む。北山にある『武鮨』の「卵焼き」は注文をすると焼き上げてくれる。酒とみりんの甘さが感じられてはんなりした独特の味。

基本は薄焼き玉子に厚焼き現在ではだし巻き玉子が主流となりつつある

江戸前ずしに欠かせないものが赤身のマグロと玉子焼き。白身はなくても玉子焼きを置かないすし店はまずないだろう。玉子焼きの味ですし屋の格がわかるとも。江戸時代から戦前に至るまで、鶏卵は非常に高価なものだった。当然、玉子焼きも上物ネタだったわけで、すし店それぞれに工夫をこらした。すしダネの玉子焼きで代表的なものは次の三タイプになる。

薄焼き玉子

卵にエビのすり身とみりん、塩、砂糖で味つけし、薄く焼いたもの。エビは基本的にシバエビ、アカエビなど小型種を利用する。甘み控えめでほんのりエビの風味がする。

厚焼き玉子

卵に魚のすり身を加え、みりん、塩、砂糖で味つけして上下から熱を加えて焼いたもの。食感はカステラのようで甘みが強い。

①**薄焼き玉子**　エビのすり身などを卵に加え、砂糖、みりん、塩などで味つけし、薄く焼いたもの。

②**厚焼き玉子**　エビ・魚のすり身を卵に加えて、砂糖、みりん、塩などで味つけし、厚く焼き上げたもの。

③**だし巻き玉子**　卵に鰹節だし、みりん、砂糖、塩などで味つけし、少しずつ卵焼き器に入れながら厚みをつけて焼いたもの。

　ほか、魚河岸で売られている「河岸玉」など、様々な形がある。本来の江戸前は①と②だが、最近ではだし巻き玉子が全盛に。

海苔《のり》

世界中の人が一枚ずつ食べても余る生産量

海苔帯
安定の悪いすしダネを帯状の海苔で留める。これを海苔帯という。ますます多彩になるすしダネを陰で支えている。

海苔巻き
単に海苔巻きというと干瓢《かんぴょう》巻きのこと。ほかあにはマグロで鉄火巻き、キュウリでカッパ巻き、納豆巻きなど。

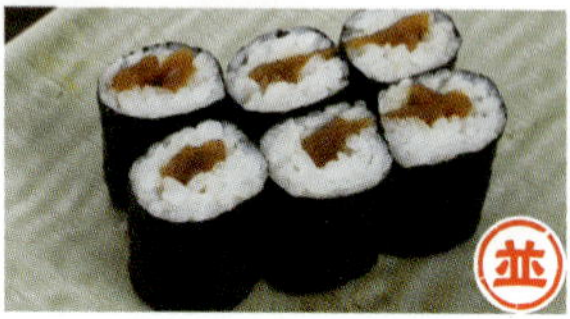

軍艦巻き
戦前に銀座のすし店で誕生したとされる軍艦巻き。ウニやイクラ、最近ではサラダなど握れないものをすしダネに。

おさかなデータ

北海道から九州に生息【ウシケノリ科】

旬:	冬
呼び名:	古くは「紫菜」だった
食データ:	日本と韓国、中国で生産している。いちばん生産量の多いのは日本で、年間80億枚から100億枚。それでも韓国、中国から輸入している

アサクサノリからスサビノリにいつの間にか交代

一般にノリと呼んでいるのはウシケノリ科アマノリ属の植物。紅色の色素を含んでいるので紅藻類ともいう。アマノリの種類は多く、一般に養殖しているのを「ノリ」、天然ものを「岩ノリ」という。江戸時代以前から戦後の高度成長期まで内湾生の標準和名アサクサノリが東京湾などで養殖されていた。内湾の汚染が進むに従い、病気や汚染に強い本種に交代される。

用語集

【あ】

青魚　「背の青い魚」を参照。

赤身　ミオグロビンという赤い色素を持つタンパク質を含んでいる筋肉。カツオやマグロなど長距離を一生泳ぎ続ける魚が、海水中の酸素を効率よく循環させるのに役立っている。このミオグロビンを多く含む筋肉を持つものを赤身魚という。

あがり　お茶のこと。上等の煎茶ではなく、魚が主体のすし店では生臭みを消して、さっぱりさせるために粉茶を熱湯で入れる。

アスタキサンチン　サケやエビ、カニなどに含まれる赤い色素成分。高い抗酸化作用や酸化防止作用があり、注目を浴びている。

あにき　1日前の残り物のすしダネ。新しく仕入れたものを「弟(おとうと)」という職人もいる。

あぶり　すしダネに切って、バーナー、直火などであぶったもの。最近では握って、すしダネをのせてからあぶることもある。

Eレーン　回転ずしの形態のひとつ。ベルトコンベアーの部分は客席側にあり、その末端が調理場にある。調理する場と、客側が分離し、すしを握るのは原則的にロボット(→P17)。

活《い》け締《じ》め　生きている魚などを刃物などで即死させること。うま味成分の素であるアデノシン3リン酸の減少を防ぎ、死後硬直を遅らせることができる。漁獲直後に即死させる方法と、漁獲後一定期間生け簀(いけす)に泳がせてから即死させる方法がある。味がいいのは後者。

印籠《いんろう》詰《づ》め　イカの胴体にすし飯を詰め込むこと。

内子《うちこ》　甲殻類のエビ、カニ、シャコなどで産卵する前の「内」すなわち体内にある卵のこと(→外子)。

瓜巻《うりまき》　奈良漬けの海苔巻きのこと。

Oレーン　回転ずしの形態のひとつ。基本形は楕円形のベルトコンベアーの中央部分にすし職人がいて調理する(→P16)。

大葉　青じそとも。シソ科シソの葉の青いもの。愛知県などでは産地での呼び名から「大場」と呼ば

れることがある。イワシやカツオなどの薬味に、巻物の具材としても利用される。

落ち　魚などが寒さを避けて深い場所に移動すること。

踊り《おど》　生きたエビを注文されてから剥いて生のまま握ったもの。すし飯の上で動く様が踊っているように見えるため。

おぼろ　エビや魚などをゆでて、ほぐし、味つけ。鍋などで煎り水分を飛ばしたもの。食紅で赤く染めたものが多い。握りのネタとすし飯の間に挟んだり、のせたり、ちらしずしの彩りなど

にも使われる。別名「そぼろ」。

【か】

科　生き物は大まかな分類として上から「界」「門」「綱」「目」「科」「属」「種」となる。「科」は形態的に似通っていて、系統を同じくする生き物群をいう。

回転ずし　1958年に大阪府布施市(現東大阪市)で生まれた。すし職人が握り、ベルトコンベアー敷の回転台にのせて、回ってきたすしを客が好みで取り食べる店。

貝柱　二枚貝の貝殻を閉める役割をする筋肉。普通は前後に2個あるが、ホタテガイの仲間は後にある後閉殻筋という貝柱のみになる。

数　すしの数の数え方。隠語、符丁がある。1=ピン、2=リャン、3=ゲタ(下駄)、4=ダリ、5=メノジ、6=ロノジまたはロンジ、7=セイナン、8=バンド、9=キワ、10=ピン(大ピン、ピンマル)、11=ピンピン(ナラビ、アサ)、12=チョンブリ、13=ソクキリ、14=ソクダリ、15=ソクメ(アノ)、16=ソクロン、17=ソクセイ、18=ソクバン、19=ソクキワ、20=リャンコ(ノナラビ)、など。

カッパ巻き　関西では「きゅうり巻き」。昭和4年(1929)大阪市北区曽根崎のすし店『甚五郎』主人、大宅真次郎が考え作ったもの。

かべす　歌舞伎見物などにつきものとされるものが3つあり、その頭の文字を並べたもの。「か」は菓子、「べ」は弁当、「す」はすし。この場合のすしはマグロ、タコ、コハダ、玉子焼き。

カマトロ　胸鰭(むなびれ)のついた部

分で人間では肩の部分に相当する。ここからとれる脂ののった部分をいう。

がり　生姜(新生姜)を薄く切って甘酢につけたもの。噛むとガリガリするので「がり」となった。すしをつまむときの口直しに食べる。

皮霜《かわしも》　皮と皮下などにうま味がある魚の場合に用いる。皮の方から熱湯をかけて、すぐに冷水にとって水分をよくきる。皮が柔らかくなり、魚の生臭さもとれる。

かん(貫)　現在は握りずし1個のこと。古くは大きくて1個100グラム前後あった。当然、そのままでは食べられないので2つに切ったので「かん」は2個のことだという説も。ちなみに「かん」自体が曖昧な言語で基準となる重さ、大きさを表さない。

柑橘類　ミカン科の植物の果実のこと。ゆず、すだち、かぼす、だいだい、レモンなどがあり、皮、果汁などを使う。

黄身おぼろ　卵の黄身をほぐし、砂糖、みりん、塩で味つけして煎り、水分を飛ばしたもの。ちらしに使う。ゆでえびを漬け込んだり、サヨリやコハダなどにつけたりする。

玉《ぎょく》　玉子焼きのこと。すし職人用語で、客が進んで使うべき言葉ではない。

木《き》津《づ》巻《ま》き　かんぴょう巻きのこと。古くは大阪市木津地域(現浪速区)がかんぴょう(ユウガオ)の産地だったため。

切りつけ　三枚に下ろして皮、骨などを取り去った状態のものをすしダネの形に切ること。切る行為。

くさ　板海苔のこと。漢字で書くと「草」だろう。アマノリ科の植物で分類学的には間違いであるが「海草」と書いたことによる。

軍艦巻き　すし飯を海苔で囲みネタを満たしたもの。東京銀座のすし店の考案したもの、という説も。

下魚《げうお》　比較的安いすしダネのこと。コハダ、トリガイ、ハマグリなど(↓上魚)。

げそ　漢字で「下足」。イカの脚の部分で、これ単体でもすしダネとなる。

下《げ》駄《た》　客にすしを出すときにのせる、木で作られた足のあるまな板状のもの。鼻緒のない下駄に見えるため。

甲殻類《こうかくるい》　正式には「甲殻綱」。エビやカニの十脚目、シャコの口脚目を含む生き物のこと。

コロ　マグロを縦4等分(ロイン)して

それを前後に3等分、もしくは4等分にしたもの。別名チャンク。

【さ】

冊《さく》　マグロなどを長方形にしたもの。普通はコロを縦方向に一定の厚みで切り取ったもの。サクを切ることを「サクどりをする」という。

サラダ　れっきとしたすしダネ名。タネと野菜などを合わせてマヨネーズと合わせたもの。多様化している。

仕込み　タネを切りつける直前までの形にすることをいう。「荒仕込み」「中仕込み」など段階的な呼び方もある。

上魚《じょううお》　高級すしダネのこと。マグロ、春日子(小鯛)、エビ、サヨリ、キスなど(→下魚)。

ショウガ　熱帯アジア原産で根と茎を食す。根の部分を一般的に根ショウガといい。アジやイワシ、カツオなどうま味の強いすしダネに薬味として使う。

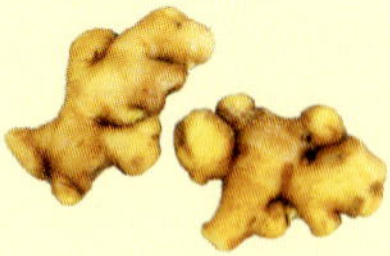

職人　すしを作る人を正しくは「職人」という。板前、マスターなど最近ではいろいろな呼び方をしていて、それも決して悪いことではない。

白子《しらこ》　主に魚類の精巣のこと。一般にマダイ、マダラなどでは真子(まこ、卵巣)よりも高価。

白身　赤い色素タンパクであるミオグロビンを含まない部分。もしくはミオグロビンの少ない魚を白身魚という。

酢　米を蒸して発酵させて酒を造り、この酒の中の糖質やアミノ酸が酢酸菌の働きで酢になるのが米酢。強い発酵臭がする。すし用の酢は香りが弱く、無個性な白酢と、酒粕から作った赤酢などを使う。現在の主流は前者。

水管　シロミル(ナミガイ)、ミルクイなどはこの部分をすしダネにする。外套膜が変化したもので海水を取り込み呼吸、海水中の有機質を吸い込んでエサとしている。入水管と出水管がある。

酢じめ　魚、イカなど、塩をして一度洗い、生酢、甘酢に漬けたもの。関西では「生ずし」という。

すし飯　ご飯を酢と塩と砂糖で味つ

けしたもの。すし店などでは「しゃり」という。これは米が貴重であったときの「舎利」、すなわちお釈迦様の骨にたとえたため。

背の青い魚　マサバを始め、回遊魚で背、すなわち海面に向けている部分が青みがかった魚をいう。ただし最近ではサンマやサワラなど広く回遊魚自体を指す言葉としても使われ、光りものと混同していることが多い。

属　生き物は大まかな分類として上から「界」「門」「綱」「目」「科」「属」「種」となる。「属」は形態的に非常に似ており、時に交配することも可能であるもの。

外子《そとこ》　甲殻類十脚目のエビ、カニで抱卵するタイプ(クルマエビの仲間以外の抱卵亜目)に属する生き物は産卵後一定期間腹脚に抱き保護する。この産卵後保護している状態の卵をいう。内子よりも味は落ちる(→内子)。

【た】

たくわん　干してぬか漬けにしたものと、干さないで塩で水分を適度に抜き、調味料に漬け込んだものとがある。トロタク(マグロの脂の多い部分とたくわんを使ったすし)に使うのは後者が一般的。別名「東京たくわん」とも。

立ち店　「たち」「たちずし」とも。古く、すしは「屋台などで売られ、立って食べたため」とも座敷などで食べる高級店と区別するために「座敷＝座る」に対して安い店を「たち」といったとも。また古くすし職人は内店では座ってすしを握ったが、戦前に現在のような店の形態になり、立って握るようになったためともされる(→Ｐ15)。

手綱《たづな》**巻**《ま》**き**　マグロやイカ、コハダなど複数のすしダネを、斜めに板状に並べてすし飯を巻いたもの。

縦縞《たてじま》　頭と尾を結ぶ線(筋)状の模様。ウニなどでは生きている状態で天地を結ぶ線(筋)状の模様。

種《たね》　すし飯の上にのせる材料のこと。一般に「すしダネ」「すしネタ」や、単に「ネタ」とも。

鱈場《たらば》　マダラ、スケトウダラがいる水深５００メートル以上の深海のこと。例えば「鱈場ガニ」はもともと深場にすむカニの意味で1種類の甲殻類の名前ではなかった。

血合い　体内に酸素を送り込む働きをする赤い色素であるヘモグロビンやミオグロビンをたくさん含む筋肉。長距離、長時間泳ぐ魚ほど大きく、回遊しないマダイやカワハギなどには少ない。

漬《つ》け　種を一定時間しょうゆ、もしくはタレ(しょうゆ、みりんなど)に漬けて握ること。またマグロの赤身自体を指す言葉でもある。

つけ台　すし職人が握ったすしを客に出すときのせる客の前の台。古くは直にすしを置いたが、皿や葉蘭を置いて出すようになった。最近ではあまり見かけなくなった(→P15)。

つけ場　すし職人が握る区域、場所。

つける　すしを握ることを正しくは「つける」という。もともと、すしは漬け物(発酵食品)であった名残で、漬け物の「押しをかける」ことから、古くは「握る」ではなく「つける」だった。また「丸づけ＝1尾の魚を1かんのすしダネにする」「片身づけ＝1尾の魚から2つのすしダネをとる」「2枚(3〜5枚)づけ＝2尾の魚で1かんのすしダネにする」などとも使う。

つめ　アナゴ、ハマグリなどを煮た汁を、とろりとするまで煮つめたもの。店によってみりんや砂糖を加えることもある。アナゴ、シャコ、タコなどにぬって出す。

鉄火巻き　マグロの赤身などを芯にした海苔巻き。元々は賭博場(鉄火場)で賭けをしながら食べるのに便利であったためとされる。

手巻きずし　すし店などでの、まかない料理から始まったとされる。海苔半分で巻き簾を使わず手でくるっと種を巻くもの。戦前からあったとされている。

頭足類　正しくは「頭足綱」。頭から直接足が生えている生き物でイカ、タコなどの総称。

ドレス　魚の頭部と内臓を除去したもの。

トロ　本来はマグロの腹の部分や脂の強い部分をいうものだったが、最近では「脂の強い部分」という意味合いで広く使われている。東京日本橋のすし店で生まれた言葉ともされる。中トロ、大トロなど脂の多さで使い分ける。

どんしゃり　普通のご飯のこと。すし飯のように酢や塩、砂糖で味つけしていないご飯。

【な】

中落ち　魚を三枚に下ろしたときの真ん中にある骨の部分。またここに着いている身。主に大型魚、特にマグロに対して使われ、鉄火巻きやネギトロなどの材料になる(→P24)。

なみだ　「わさび」を参照。

軟体動物《なんたいどうぶつ》　正式には「軟体動物門」。巻き貝、二枚貝、イカ、タコなど身体が柔らかく、広い外套膜に包まれている生き物。

煮きり　しょうゆ、みりん、酒、だしなどを合わせて2割前後煮つめたもの。イカ、赤身など握った後にネタにぬる。

二丁づけ(二かんづけ)　握りずしを2個単位で提供すること。戦前は1個のすしが大きかったが、戦後、握りが小さくなって始まったとされる。

ねぎとろ　中落ちなどの身をかきとり細かくたたいて、ネギと合わせたもの。語源は「ネギ」とは関係なく、中落ちの身をかきとることを「ねきとる」「ねぎとる」といっていて、「ねぎとった身」でしかも脂があってトロであることからきたとも。本来、すし屋、マグロ店などで中落ちの身を使って作っていたものだが、最近ではビンナガマグロ、キハダマグロ、筋の多いメバチマグロなどを材料に食用油などを添加して商品化している。

ネタ　「種」を参照。

ネタケース　冷蔵ショーケースの一種で、すしダネ、もしくは切りつける前の材料などを入れておくもので、客に対してガラス越しに見えるようになっている。カウンターではネタケースの前が最上席(→P15)。

野締《のじ》**め**　魚介類を漁の最中に死なせること。即死ではないので暴れるなどで体内のうま味成分の素であるアデノシン3リン酸が急速に失われる。死後硬直が早まり、当然弛緩も早まるので、食感が悪くなる。

海苔帯《のりおび》　「帯海苔」とも。すし飯の上でまとまらないすしダネを留めておくのに使う細い海苔。

【は】

八《はち》**の身**《み》　「脳天」「頭の身」などともいう。「八の身」と書く人もいるが、マグロの頭部のことを「鉢」というところから「鉢の身」だとも。頭部に2本あり目の上から吻(ふん)にかけての長い円柱形の筋肉。筋が柔らかく脂がある。

ばらん　葉蘭(はらん)のこと。最近では笹よりも葉蘭切りで鶴や亀などを作ることもある。一般的には、握りを置く皿、仕切りとして使う。また仕切りとして使うプラスティックのものもあり、実はこちらの方が主流。

光りもの　基本的には体色が銀色に光る小魚と、酢で締めて使う魚のこと。最近では背の青い魚(青魚)であるマサバやサワラにも使われる。

ひも　二枚貝のアカガイ、ホタテガイなどの外套膜の部分。コリコリとして独特の食感が楽しめる。

標準和名　基本的に生き物の種名はラテン語。これを各国で便宜的に母国語で表示するのだが、日本の場合は「和名」といい、図鑑などに載せるために標準的なものとして選び出したもの。決して流通の世界や食の世界の基本的な名ではない。

太巻き　関西などには海苔2枚を使ったダイナミックな太巻きもあるが、江戸前ずしの「太巻き」は「巻き物」を参照。

棒身(棒肉)　カニの脚の部分の筋肉。棒状なのでこの名がある。

ほぐし身　カニ、魚などの身をゆでてほぐしたもの。カニの場合、甲羅下や脚の付け根の部分からとれる身を指すこともある。

【ま】

巻きおさめ　握りずしなどの最後に海苔巻きを食べること。海苔巻きを食べると、これで「すしをつまむのも最後」という意味合い。

巻きす　漢字で「巻き簾」と書き、すだれの一種で竹ひごを木綿糸などですだれ状に方形につなげたもの。巻き物を作るときや、玉子焼きの形を整えるときに利用する。

巻き物　「細巻き」「太巻き(中巻き)」などがある。「細巻き」は江戸前ずしとともに生まれたもので、海苔1枚を半分に切り、巻いたもの。カッパ巻き、干瓢(かんぴょう)巻きなどもっとも一般的なもの。太巻きは海苔1枚を使って巻くもので、関西や家庭でもおなじみのもの。

真子《まこ》　卵巣のこと。カニ、シャコ、魚類など真子単体ですしダネにすることも多い。

丸づけ　1尾の魚、イカなどで1かんの握りのすしダネとすること。小さいサイズで1かんの握りにちょうどいいものを「丸づけサイズ」とも。

みそ　甲殻類、エビ、カニの臓器、肝臓(中腸腺とも)のこと。ときに内子も加えていることがある。

むしえび　エビは湯の中で熱を通すので「ゆでえび」ともいうが、すし職人は「むしえび」という。

紫《むらさき》　しょうゆのこと。

目《もく》　生き物は大まかな分類として上から「界」「門」「綱」「目」「科」「属」「種」となる。「目」は形態に似通った点があり系統を同じくする生き物群をいう。

【や】

焼霜《やきじも》　皮と皮下にうま味があり、皮の硬い魚の場合に用いる。皮の方を直火かバーナーであぶり、すぐに冷水にとり、水分を布巾などでよくとり去る。

山《やま》　ササの葉のことで、山でとれることに由来する。すしの盛り合わせなどにしきりとして使われる。

湯飲み　すし店の湯飲みは粉茶を熱湯で入れるため、厚みがあって大ぶりのものを使う。

横縞《よこじま》　頭と尾を結ぶ線に対して垂直になる線(筋状)の模様。ウニなどでは生きている状態で左右、もしくは円周上に走る線(筋状)の模様。

【ら】

ロイン　魚の４分の１。マグロなどを三枚に下ろし、半身を縦半分にしたもの。

ロール　「カリフォルニアロール」「すしロール」「巻きずし」など海苔を使ったものと、すし飯をすしダネで巻くものも指している。伝統的な手綱巻きもロールのひとつになる。

【わ】

わさび　本わさび(写真上)と粉わさび(写真下)がある。本ワサビはアブラナ科ワサビ属の植物の地下茎をすり下ろしたもので、非常に香りが高い。粉わさびはセイヨウワサビ(別名ワサビダイコン)を粉末にしたもので値段が安いかわりに香りが薄い。すし店では「なみだ」などとも。

和名　「標準和名」を参照。

索引

太字……魚名(標準和名)
細いゴシック……魚名の別名
明朝……ネタ名
(標準和名と異なる場合)

【ア】

アイナメ……121
アイベ……193
アオアジ……63
アオガニ……227
アオガマス……136
アオダイ……113
アオヤギ……174
アオリイカ……158
アカ(エゾバフンウニ)……232
アカ(カンパチ)……92
アカアマダイ……106
アカアワビ……199
アカイカ……160
アカウオ……133
アカウニ……234
アカエビ……214
アカガイ……172
アカカマス……135
アカギ……128
アカジョウ……129
アカジンミーバイ……129
アカニーバラ……128
アカネアワビ……197
アカバ……128
アカハタ……128
アカヒラ……92
アカマチ……100
アカマンボウ……110
アカミーバイ……128
アカミズ……127、129
アカムツ……133
アカメバル……137、142
アキタガイ……182
アキトビ……68
アゲマキ……188
アコウ……127
アコウダイ……141
アジ……62
アシアカエビ……218
アジケー……191
アズキマス……127
アツエゾボラ……202
アッパッパガイ……183
アトランティックサーモン……42
アナゴ……72、75
アニワバイ……205
アブラガニ……227
アブラガレイ……88
アブラメ……121
アマエビ……208、209
アマダイ……106
アマテ……84
アラ……130

アラ(クエ) …… 125
アラカブ …… 137
アラスジサラガイ …… 175
アルゼンチンアカエビ …… 214
アワビ …… 198
アワビモドキ …… 200
アンコ …… 226
イイダコ …… 169
イカナゴ …… 153
イクナー …… 102
イクラ …… 46
イサキ …… 118
イサギ …… 118
イッサキ …… 118
イシガキガイ …… 181
イシガキダイ …… 105
イシガレイ …… 81
イシダイ …… 104
イシダコ …… 167、169
イシモチガレイ …… 81
イセエビ …… 222
イナダ …… 90
イバラモエビ …… 221
イボダイ …… 108
イラコアナゴ …… 74
イワシ …… 55
イワナ …… 40
インドマグロ …… 28
ウグイス …… 83
ウシエビ …… 219
ウスメバル …… 142
ウチワエビ …… 223
ウナギ …… 76
ウニ …… 231
ウバガイ …… 186
ウマヅラハギ …… 148
ウミウナギ …… 77
ウミナマズ …… 150
エゾアワビ …… 193
エゾイシカゲガイ …… 181
エゾバフンウニ …… 232
エゾボラ …… 201
エゾボラモドキ …… 201
エチゼンガニ …… 228
エッチュウバイ …… 204
エビスダイ …… 116
エボダイ …… 108
エンガワ …… 89
オーマクブー …… 131
オオウナギ …… 76
オオエビ …… 211
オオカミ …… 93
オオガレイ …… 78
オオグチガレイ …… 78
オオサガ …… 140
オオダコ …… 168
オオマテガイ …… 189
オオミゾガイ …… 185
オガイ(アワビ) …… 194
オガレイ …… 85
オキスズキ …… 124、130
オキナノメンガイ …… 179
オキハモ …… 74
オキムツ …… 134
オキメバル …… 142
オコゼ …… 138

オゴダイ……101
オサガワバイ……205
オナガ……100
オニエビ……221
オニオコゼ……138
オニガゼ……234
オハマ……176
オヒョウ……85
オンシラズ……134

【カ】

カイグレ……120
カイズ……97
カイワリ……64
ガガラミ……144
カキ……190
カクアジ……64
カクヨ……144
カゲキヨ……111、115
カゴカキダイ……112
ガザエビ……230
カサゴ……137
カスゴ……70
カズノコ……47
カタクチイワシ……152
カタナ……66
ガチャー……235
カツオ……33
カナ……126
カナギ……153
カナダホッキ……187
カネヒラ……111
カノウガニ……228
カペリンコ……49
カマクラエビ……222
カマスゴ……153
カミソリガイ……188、189
カミナリイカ……157
カラス……218
カラスガレイ……87
カラフトシシャモ(魚卵)……49
カレイ……80
カワダイ……98
カワハギ……147
ガンゼ……232
カンヌキ……58
ガンバ……145
カンパチ……92
ギーラ……191
ギザミ……132
キジエビ……218
キジハタ……127
キス……65
キダイ……71、96
キタムラサキウニ……233
キチジ……139
キチヌ……98
キツネ……180
キヌガイ……174
キハダマグロ……31
キビナゴ……57
キビレ……98
キミイワシ……57
キュウセン……132
キョウゲン……112
キョウゲンバカマ……112

キョウモドリ …… 120
ギン …… 44
ギンアジ …… 64
ギンアナゴ …… 73
ギンカレイ …… 87
キンキ …… 139
キンギョ …… 133、139
キンキン …… 139
ギンザケ …… 44
キントキダイ …… 111
キンフグ …… 146
キンメダイ …… 146
クエ …… 125
グソクダイ …… 116
グジ …… 106
クチグロ …… 104
クチジロ …… 105
クチビ …… 103
クチボソ …… 80
クブシミヤー …… 166
クブシメ …… 166
クマエビ …… 218
クラッカ …… 226
グリーンリップ …… 198
クリイロエゾボラ …… 203
クルマエビ …… 217
グレ …… 117
クロアワビ …… 194
クロカラ …… 143
クロソイ …… 143
クロダイ …… 97
クロボッカ …… 143
クロマグロ …… 26
クロメ …… 76
クロヤ …… 117
ケンイカ …… 159
ケンサキイカ …… 160
ケンミガワ …… 172
コイカ …… 161、164
コウイカ …… 156
コウジンメヌケ …… 140
コウバコガニ …… 228
コオナゴ …… 153
コクラマテ …… 189
コシナガマグロ …… 32
コショウエビ …… 208
コショウダイ …… 119
ゴジラエビ …… 221
コタイ …… 119
コダイ …… 95
コッパ …… 123
ゴテンアナゴ …… 73
ゴトウイカ …… 160
コノシロ …… 52
コハダ …… 52
コブシメ …… 166
ゴマサバ …… 61
コモチコンブ …… 47
コモチダコ …… 169
コロダイ …… 120

【サ】

サーベル …… 66
サーモン …… 42、43
サーモントラウト …… 43
サイマキ …… 217

サイラ …… 59
サクラエビ …… 224
サクラガイ …… 174
サクラダイ …… 94
サクラマス …… 45
サケ（魚卵） …… 46
サケノツカエダイ …… 117
サゴシサゴチ …… 67
サゴチ …… 67
ササイカ …… 159
サザイ …… 206
サザエ …… 206
サツキエビ …… 221
サトウガイ …… 173
サバ …… 60
サメガレイ …… 86
サヨリ …… 58
サヨリ（サンマ） …… 59
サワラ（マカジキ） …… 38
サワラ …… 67
サンバソウ …… 104
サンバナー …… 109
サンマ …… 59
ジジイガイ …… 172
シシャモコ …… 49
シジュウ …… 121
シタエビ …… 210
シチューマチ …… 113
シナノユキマス …… 40
シナハマグリ …… 176
シバ …… 96
シバエビ …… 210
シバダイ …… 96
シブダイ …… 102
シマアジ …… 93
シマウニ …… 235
シマエビ …… 216
シャクハチ …… 135
シャコ …… 230
シャコエビ …… 230
シュウトメ …… 37
シラウオ …… 151
シラス …… 152
シラス（ウナギの幼魚） …… 76
シラハタ …… 69
シラヒゲウニ …… 235
シロ …… 233
シロアナゴ …… 73
シロイカ …… 160
シロガイ …… 175
シロギス …… 65
シロクラベラ …… 131
シロサバフグ …… 146
シロダイ …… 99
シロニシ …… 204
シロバイ …… 204
シロミル …… 179
ジンケンエビ …… 209
シンコ …… 52
ジンドウイカ …… 161
スケトウダラ（魚卵） …… 50
スサビノリ …… 238
スジアラ …… 129
スジエビ …… 216
スジコ …… 46
スズキ …… 123

スポットプラウン……213
スポットエビ……213
スマ……36
スミイカ……156
スルメイカ……162
ズワイガニ……228
セーイチャー……163
セイゴ……123
セイコガニ……228
セダイ……99
セッタエビ……223
センネンガイ……196
センネンダイ……109
ソデイカ……163
ソデフリ……178
ソビオ……144

【タ】

タイ……94
タイザガニ……228
タイセイヨウサケ……42
タイセイヨウマグロ……26
タイラガイ……184
タイラギ……184
タコ……167
タチウオ……66
タチガイ……184、188
タマゴヤキ……236
タマン……103
タラ……149
タラコ……50
タラバガニ……226
タラバホッケ……122
タルイカ……163
ダルマ……107
タンタカ……82
チイチイイカ……165
チガイ……172
チカメキントキダイ……111
チゴメダイ……261
チダイ……70、95
チャワンガイ……180
チョウセンハマグリ……177
チリアワビ……200
チリウニ……231
チンチン……97
ツクシトビウオ……68
ツヅノメバチメ……142
ツナシ……52
ツノギ……148
ツブ……205
ツボッカイ……206
ツユイサキ……118
テッポウ……145
テンジクタチ……66
トウサン……34
トクダイタラコ……51
トクビレ……144
トコブシ……196
トビウオ……68
トビウオ（魚卵）……48
トビコ……48
トビヨ……144
トミ……145
トモモリ……119
トヤマエビ……211

トラウト……43
トラエビ……211
トラフグ……145
トリガイ……180
ドロメ……152
トンビホチ……86
ドンブリガイ……186
トンボ……30

【ナ】

ナガウバガイ……187
ナガガキ……190
ナカズミ……53
ナガハゲ……148
ナガラメ……196
ナガレコ……196
ナガレメイタ……84
ナツトビ……68
ナナツボシ……55
ナマシラス……152
ナミガイ……179
ナンダ……150
ナンバンエビ……208
ニーグ……191
ニガノコ……206
ニジマス……43
ニシン……56
ニシン(魚卵)……47
ニタリ……98
ネボッケ……122
ノドクロ……133
ノナ……233
ノリ……238

【ハ】

バイ……205
ハイオ……37
バカガイ……174
ハガツオ……34
ハカリメ……72
ハクラ……123
ハゲ……147
バケ……32
バショウイカ……158
ハタ……126
ハタハタ……69
パタパタガイ……183
バチ(サトウガイ)……173
バチ(メバチマグロ)……29
バチダマ……173
バチマグロ……29
パチパチエビ……223
ハツ……31
ハッカク……144
ハツコ……52
ハナダイ……95
バナメイ……220
バフンウニ……232
ハマグリ……176
ハマゴイワシ……57
ハマダイ……100
ハマチ……90
ハマトビウオ……68
ハマフエフキダイ……103
ハム……72
ハモ……77

バライカ……162
バラハタ……129
ハリイカ……156
ハルトビ……68
バンナムエビ……220
ヒイカ……161
ヒオウギガイ……183
ヒゲダラ……150
ヒゴロモエビ……215
ヒジタタキ……65
ピッカリ……64
ヒネエビ……224
ヒメアマエビ……210
ヒメシャコガイ……191
ヒメダイ……101
ヒューヒュー……136
ヒラアジ……62
ヒラガキ……190
ヒラサバ……60
ヒラス……91
ヒラスズキ……124
ヒラソ……91
ヒラソウダガツオ……35
ヒラマサ……91
ヒラメ……78
ビンチョウマグロ……30
ビントロ……30
ビンナガマグロ……30
フエダイ……102
フクライ……35
フッコ……123
ブドウエビ……215
フユガレイ……87、88
ブラックタイガー……219
ブリ……90
ベイカ……165
ヘイタイガイ……188
ベコ……165
ヘダイ……99
ベニガニ……229
ベニズワイガニ……229
ベラ……132
ヘロキ……56
ボウズコンニャク……261
ホシガレイ……83
ホソトビウオ……68
ホタ……101、113、130
ホタテガイ……182
ホタルイカ……164
ボタンエビ……212
ボタンエビ……211、213
ホッキガイ……186、187
ホッケ……122
ホッコクアカエビ……208
ホンアジ……62
ホンカツオ……33
ホンカマス……135
ホンギス……65
ホンサバ……60
ホンスズキ……124
ホンダガレイ……86
ホンハツ……31
ホンハモ……77
ホンマグロ……26
ホンマス……45
ホンミル……178

【マ】

マアジ …… 62
マアナゴ …… 72
マイカ …… 156、157、162
マイワシ …… 55
マガキ …… 190
マカジキ …… 38
マガツオマーガチュー …… 36
マーガチュー …… 36
マガマス …… 135
マキ …… 217
マキン …… 115
マクブー …… 131
マコガレイ …… 80
マサ …… 91
マサバ …… 60
マス …… 45
マスガイ …… 173
マスガレイ …… 85
マダイ …… 70、94
マダカアワビ …… 192
マダコ …… 167
マダラ …… 149
マダラ(魚卵) …… 51
マダラコ …… 51
マツイカ …… 164
マツカワガレイ …… 82
マツバガニ …… 228
マツブ …… 201
マテガイ …… 189
マハタ …… 126
マルアジ …… 63
マルアナゴ …… 75
マルサバ …… 61
マンジュガイ …… 175
マンダイ …… 110
マンボウ …… 110
ミズイカ …… 158
ミズガマス …… 136
ミズダコ …… 168
ミナトガイ …… 174
ミナミマグロ …… 28
ミルガイ …… 178
ミルクイ …… 178
ミルクガイ …… 178
ムギイカ …… 162
ムギワライサキ …… 118
ムギワラダイ …… 94
ムツ …… 134
ムラサキエビ …… 215
メイタガレイ …… 84
メイチダイ …… 114
メイッチャ …… 114
メイメイセン …… 139
メガイアワビ …… 195
メカジキ …… 37
メジナ …… 117
メダイ …… 107
メダイ(メイチダイ) …… 114
メダカアワビ …… 192
メダカガレイ …… 84
メッキ …… 64
メヌケ(オオサガ) …… 140
メヌケ(アコウダイ) …… 141
メバチ …… 73

メバチマグロ …… 29
メブト …… 107、133
メロウド …… 153
メンメ …… 139
モウオ …… 126
モガイ …… 172
モチガレイ …… 83
モチハギ …… 147
モミジコ …… 50
モロトゲアカエビ …… 216
モンゴウイカ …… 157
モンジュガイ …… 178
モンダイ …… 110

【ヤ】

ヤイト …… 36
ヤクガイ …… 207
ヤコウガイ …… 207
ヤナギ …… 67
ヤマトカマス …… 136
ヤマナリアメリカミルクイ …… 178
ヤマノカミ …… 138
ヤリイカ …… 159
ヨノミ …… 120
ヨロイイタチウオ …… 150
ヨロイダイ …… 116

【ラ】

リシケタイラギ …… 184
レンコダイ …… 96
ロコガイ …… 200

【ワ・ほか】

ワカシ …… 90
ワカマツ …… 144
ワラサ …… 90
Aツブ …… 201
Bツブ …… 202、203
Black tiger …… 219
Jade tiger …… 198
Sea urchin …… 231
Spot prawn …… 213
Surf-clam …… 187
Vannamei …… 220

参考文献

『握りの真髄 江戸前寿司の三職人が語る』（文春文庫）

『江戸前寿司への招待 寿司屋のかみさん、いきのいい話』（佐川芳枝　PHP研究所）

『神田鶴八鮨ばなし』（師岡幸夫　新潮文庫）

『聞き書 ふるさとの家庭料理 第一巻 すし なれずし』（農文協）

『塩釜すし哲物語』（上野敏彦　ちくま文庫）

『偲ぶ 與兵衛の鮓』（吉野曻雄　主婦の友社）

『いい街すし紀行』（里見真三　写真・飯窪敏彦　文春文庫）

『すきやばし次郎 旬を握る』（里見真三　文春文庫）

『すし技術教科書〈江戸前ずし編〉』（全国すし商環境衛生同業組合連合会監修　旭屋出版）

『すし技術教科書〈関西ずし編〉』
（全国すし商環境衛生同業組合連合会監修　荒木信次編著　旭屋出版）

『鮓・鮨・すし すしの事典』（吉野曻雄　旭屋出版）

『すしの事典』（日比野光敏　東京堂出版）

『すし物語』（宮尾しげお　自治日報社出版局）

『東大講座 すしネタの自然史』
（大場秀章、望月賢二、坂本一男、武田正倫、佐々木猛智　NHK出版）

『寿司屋のかみさん うまいもの暦』（佐川芳枝　講談社文庫）

『すしの貌 日本を知る 時代が求めた味の革命』（日比野光敏　大巧社）

『日本の味覚 すしグルメの歴史学』（岐阜市歴史博物館）

『ベストオブすし』（文春文庫）

『弁天山美家古 浅草寿司屋ばなし』（内田榮一　ちくま文庫）

『弁天山美家古 これが江戸前寿司』（内田正　ちくま文庫）

『図説有用魚類千種 正続』（田中茂穂・阿部宗明　森北出版　1955年、1957年）

『日本産魚類検索 全種の同定 第二版』（中坊徹次編　東海大学出版会）

『東シナ海・黄海の魚類誌 水産総合研究センター叢書』
（山田梅芳、時村宗春、堀川博史、中坊徹次　東海大学出版会）

『日本近海産貝類図鑑』（奥谷喬司編著　東海大学出版局）

『新・世界有用イカ類図鑑』（奥谷喬司　全国いか加工業協同組合）

『世界海産貝類大図鑑』（R.T.アボット、S.P.ダンス　監修訳 波部忠重、奥谷喬司　平凡社）

『ウニ学』（本川達雄編著　東海大学出版会）

『新顔の魚（復刻版）』（阿部宗明　まんぼう社）

協力

「市場寿司　たか」「鮨忠　第二支店」「鮨忠　第三支店」(以上八王子市)、「すし政」(日野市)、「樋長」(築地)、「フィッシュディーラー　タカノ」「丸幸水産」「やまぎし」(以上八王子市)、「山丁　菊貞」(沼津市)、「岩崎魚店」(尾鷲市)、「田中水産」(鹿児島市)、「新立鮮魚店」(沖縄)、岩田昭人(尾鷲市)、「薬師神かまぼこ」(宇和島市)、島根県水産課、山口県水産振興課、独立行政法人水産総合研究センター、malmo(イラスト)

八王子綜合卸売センター

『市場寿司　たか』　渡辺隆之

静岡県出身。すし職人となって40年になる。決して名人ではなく、どちらかというと平凡な職人だけど、「安くておいしいすしを食べて欲しい」に徹して日々営業している。

底本STAFF

デザイン	吉村朋子
写真撮影	藤原昌髙《ぼうずコンニャク》
写真協力	独立行政法人　水産総合研究センター まんぼう社
編集協力	有限会社 クレア(藤原寿子、萩原さとか)
校正	柳元順子
企画・編集	山本雅之(株式会社マイナビ出版)

終わりに

食用になっている生物を調べ始めて三十年あまり。すしダネを調べ始め、実際に握りにして食べて撮影し始めて二十年近くになる。すしダネとして撮影した種はそろそろ千種になろうとし、すしダネは二千種に届こうとしている。

そのすべてを握ったのが、すし職人の渡辺隆之さん。一般的なものはともかく、国内で数個体目という、だれも食べたことのない魚介類を仕込み、握りにする。もう二度と触りたくないなどというもの、従来のすしダネよりもはるかにうまいものなど、まことに喜怒哀楽ともにする日々を送っている。

最近、渡辺さんの「そろそろ打ち止めでしょ」の言葉に、「まだまだ序の口、これからですよ」と答えているが、実はこれは真実である。魚介類の種類は膨大で、国内で手に入るすしダネは千や二千ではきかない。

本書は撮影したすしダネのなかでも比較的ポピュラーなもの、日本各地で実際に使われているものを網羅した。ただしこれからも新しいすしダネがどんどん増えていきそう。

「すしダネの書籍」は作ろうと思っても、最低十年以上はかかる。本書も過去の蓄積があって、それでも企画してからぼう大な年月を費やしている。まだまだ道半ばであるが、本書で「江戸前ずしの基本」のほぼすべてがわかると思う。

本書を読んで食べると「すし」がまったく違って感じられ、味わえるようだとうれしい。

ぼうずコンニャク

ボウズコンニャク

坊《ぼう》主《ず》蒟《こん》蒻《にゃく》

変な名前なので安いけど、う、うまい！

白身のきれいなすしダネ。ボクのように皮下脂肪があって甘い。すし飯との相性もピカイチなのである。一度食ったらやみつきになります。

おさかなデータ

相模湾、山陰以南に生息【エボシダイ科】

旬： 春から初夏

呼び名： 昔は「チゴメダイ」だった

食データ： 最近では開き干しになって流通している。残念なのは味がいいのに名前が変なので売れないこと。買ってくださいね

年間を通して獲れるのは桜島を臨む錦江湾だけかも

比較的珍しい魚。研究者は「いざ手に入れたくても手に入らない魚」などと言う。手のひらサイズの小魚で、深海魚の仲間だ。ときどき底曳き網などに大量に入ると、だれも名前を知らないので大騒ぎになる。まことに見た目の悪い魚で、味がいいのに目立たないから売れない。まさにボクのような魚で、コヤツを見ると身につまされる。それでペンネームにさせていただいた。

イヤミのない味で好感度大。ボクのように味わい深い魚だ。イボダイに近い魚なので、味はそこから想像して欲しい。鹿児島県などで比較的安定した水揚げがあるので、一度行って食べてみて欲しい。それと鹿児島市のすし店様、ボクの分身を名物にしませんか？　味はボクの折り紙付き、繁盛しますよ！

本書は、『すし図鑑』（２０１３年５月／小社刊）を
再編集し、文庫化したものです。

イラスト／おざわゆき

ぼうずコンニャク
藤原昌高

1956年、徳島県美馬郡貞光町（現つるぎ町）生まれ。子供の頃から川魚を捕ることが好き、魚を食べることは嫌いだった。ある日突然、魚好きに。人間と関わる生物すべて、食文化を調べ始めて30年以上。すしの写真を撮り始めて15年。魚介類関連写真は50万点以上、すしの写真は2万点以上を保有。
食材研究家。元島根県水産アドバイザー、釣り雑誌などにエッセイを書いている。
著書『美味しいマイナー魚介図鑑』（小社）、『からだにおいしい魚の便利帳』（高橋書店）、『地域食材大百科　魚介、海藻』（農文協）、
監修『日本の食材帖―野菜・魚・肉』（主婦と生活社）
Webサイト『ぼうずコンニャクの寿司図鑑』
http://sushi.zukan-bouz.com/

マイナビ文庫

プロもビックリ!!
すし図鑑ミニ

2018年　8月31日　初版第1刷発行
2018年11月30日　初版第4刷発行

著　者　ぼうずコンニャク
藤原昌髙
発行者　滝口直樹
発行所　株式会社マイナビ出版
〒101-0003 東京都千代田区一ツ橋2-6-3 一ツ橋ビル2F
TEL 0480-38-6872（注文専用ダイヤル）
TEL 03-3556-2731（販売）／TEL 03-3556-2735（編集）
E-mail pc-books@mynavi.jp
URL http://book.mynavi.jp

カバーデザイン　米谷テツヤ（PASS）
印刷・製本　株式会社大丸グラフィックス

ISBN978-4-8399-6743-7　Printed in Japan